ALTHAUS-STORBECK

Ohne Müssen und Sollen

SYBILLE KARIMA ALTHAUS-STORBECK

Ohne Müssen und Sollen

EIN MUTMACHER LICHTWÄRTS
MIT MEDITATIONEN
UND GEBETEN

WINDPFERD

Die Informationen in diesem Buch sind nach bestem Wissen und Gewissen dargestellt. Die Autoren und der Verlag übernehmen jedoch keine Haftung für irgendwelche Schäden aus dem richtigen oder unrichtigen Gebrauch der in diesem Buch vorgestellten Methoden. Diese sind zur Information und zur Weiterbildung gedacht.

1. Auflage 2018

Umschlaggestaltung: Jenny Jünemann | bitdifferent
Coverillustrationen: Liudmila Horvath@123rf
Satz und Layout: Marx Grafik und ArtWork
Druck und Bindung: C. H. Beck, Nördlingen

MIX
Papier aus verantwortungsvollen Quellen
FSC® C019821
FSC
www.fsc.org

Printed in Germany
ISBN 978-3-86410-178-6
www.windpferd.de

Inhalt

– Teil I –

– Teil II –

– Teil III –

O mein göttliches Herz, führe mich dorthin,
wo die Flüsse zusammenfließen.

Bring meine Seele in Einklang mit den fließenden Wässern des Lebens,

Sodass Freude und Weisheit in Überfluss aus mir entspringen können.

Möge ich in der puren strahlenden Schönheit der Zufriedenheit
aufnehmen, was ich in Existenz bringen will.

Möge ich dem Strom des Lebens und der Anmut des Flusses vertrauen,
wegzuwaschen was ich versuche loszulassen.

Möge ich erfrischt auferstehen, wiedererwacht, mit Klarheit und
Dankbarkeit für alles das war, für alles das ist und für alles das sein wird.

EMMANUEL O'KANE*

* Mit freundlicher Erlaubnis von Emmanuel O'Kane

Einleitung

Ist das jetzt der erste Satz des Buches, von dem behauptet wird, er entscheide darüber, ob weitergelesen wird oder nicht? Solche Glaubenssätze schmeiße ich über Bord, denn sie sind die erste Hürde, die durch ein Sollen versuchen meine Kreativität zurückzuhalten; in diesem Fall soll ich besonders interessant schreiben.

Besonders gut, besonders schön, besonders lieb, besonders anziehend, besonders reizvoll oder was auch immer Besonderes vermeintlich sein zu müssen, etwas Besonderes sein zu wollen ist ein Mittel unserer narzisstischen Gesellschaft, unser wahres Sein zu verhindern.

Das hat enorme Konsequenzen in unserem Leben, die wir uns anschauen werden. Genauso werden wir schauen, wer wir eigentlich sind und wie wir erfüllt, liebend und frei leben können, denn darum geht es eigentlich. Ein solches Leben ist nicht unbedingt ein Leben nur für Aussteiger oder Phantasten. Es ist ein Leben mitten in dieser Gesellschaft, mitten unter uns und ganz bei sich selbst.

Als Kind ist mir schon aufgefallen, wenn ich Fotobände aus fernen Ländern anschaute, dass die Menschen, die in Armut lebten, oftmals glücklichere Augen hatten als die Menschen in den reichen Ländern. Merkwürdig, dachte ich mir, obwohl doch immer gesagt wird, dass das Erwirtschaften ökonomischen Wohlstands und ein Leben in materiellem Wohlstand glücklich mache.

Um dahin zu kommen, unterwerfen wir uns bereits im frühen Kindesalter Regeln des Funktionierens und dem Streben nach Erfolg. Eltern lassen ihre kleinen Kinder alleine bei Erzieherinnen, um Geld zu erwirtschaften. Was lernen Kinder in diesem zarten Alter dadurch? Dass Funktionieren und Arbeit wichtiger sind als sie.

Wir lernen eher, gegeneinander als miteinander und füreinander zu arbeiten. Selbst die Arbeit in einer Gruppe wird doch letztendlich in den Schulen für jeden Einzelnen honoriert. Wir erlernen Konkurrenz. Wir lernen eine narzisstische Weise zu leben. Wie komme ich an? Wie gut bin ich? Mögen mich die Anderen? Aus dem Defizit der Alleingelassenen heraus erlernen wir diese Art der Kompensation, des Ausgleichs, nämlich Erfolg statt Liebe.

Immer häufiger kann man junge Mütter und Väter beobachten, die mit ihrem Kind zusammen sind, sich aber ausgiebig mit ihrem Smartphone beschäftigen. Das Kind wirkt wie verloren. Die Mutter oder der Vater sind für es gar nicht da. Was lernt es dadurch? Dass es nicht liebenswert ist, dass anderes wichtiger ist. Es verlernt, in Beziehung zu sein.

Es wird sehr früh dafür gesorgt, den Selbstwert über modische Kleidung und Statussymbole wie Smartphone und Computer und unzählige Dinge zu definieren. Das kostet viel Geld. Also müssen die Eltern beide arbeiten gehen, um den hohen Lebensstandard zu halten. Oder es werden Kredite aufgenommen, die ziemlich schnell in unangenehme Abhängigkeiten, unübersichtliche Geschäftsbeziehungen und nicht selten in wirtschaftliche Not führen.

Selbst Freizeit wird nicht einfach, im doppelten Sinne des Wortes, gelebt, sondern erkauft. Events, vorgefertigte Urlaube und entsprechende Outfits rufen nach Konsumenten. Konsumieren statt Sein?

Ich mag gar nicht noch mehr aufzählen, denn jeder kennt das und es wird tendenziell nicht weniger, sondern mehr das Haben statt Sein.

Ja, aber warum strahlen denn manche Menschen durch glückliche Augen? Da gibt es also Menschen, die in einfachen und naturverbundenen Gesellschaften leben. Ist es das? Aber es gibt ja auch Menschen, die in reichen Industrieländern glücklich strahlen. Was haben die, was die Unglücklichen nicht haben?

Geht es um irgendein Haben? Oder geht es um etwas ganz Anderes, was Menschen wirklich von Grund auf glücklich leben lässt und menschenfreundliche Strukturen des Zusammenlebens in der Konsequenz nach sich zieht?

Bis hierher ist der Blick auf Menschen sehr reduziert. Wir drehen uns im Kreis. Wir brauchen andere Perspektiven, eine erweiterte, tiefere Sicht. Ich bin aber doch mehr als Lebensstandard, Konsum und Haben. Das erlebe ich doch jeden Tag, wenn ich mich tief auf mich und andere einlasse.

Des Morgens, aus dem Schlaf erwachend, sind die Träume noch da. Sie sprechen eine Sprache der Seele, die Achtsam-

keit und Einfühlung braucht, um sie zu verstehen. Sie können mir zeigen, was meine Seele braucht. Es kann deutlich werden, was sie mir auf meinem Weg sagen will, um sinnvoll und erfüllend leben zu können aber auch, um mich vor Irrwegen zu warnen.
In der Frühmeditation begegne ich meinem Licht und dem der Anderen. Lauschen und stille Gegenwart stärken mich. Warum klärt und stärkt mich das?

Warum weiß ich, was ein anderer Mensch fühlt oder denkt? Warum geht es gemeinsam besser und was ist Liebe?

Wieso sind manche gesund und andere krank?

So, nun wird es wesentlicher. Jetzt wird es so richtig interessant. Da es um etwas gehen wird, das nicht erreicht werden kann durch das, was unser Alltagsleben so oft strukturiert, nämlich ein Müssen oder ein Sollen. Es wird in letzter Konsequenz um das Licht unserer Seele gehen, das in großer Freiheit erstrahlt. Es kommt eher in Stille, Übergabe und tiefer Hingabe zu uns als durch Druck oder gar Zwang.

Fangen wir an mit dieser abenteuerlichen Reise zu uns selbst, wo es kein Müssen und kein Sollen gibt, jedoch Höhen und Tiefen. Atme schon mal entspannend aus.

TEIL I

Spektrum des Menschseins

Hast du nichts Wichtigeres zu tun?

Gibt es nicht genug andere Brennpunkte in unserer Welt, die dringend gelöst werden müssten? Ist es da nicht die falsche Zeit und die falsche Ausrichtung, sich selbst zu betrachten? Fragen nach den Engeln und Gott zu stellen, ist das nicht ein Ablenkungsmanöver angesichts der großen humanen, ökologischen und politischen Aufgaben in dieser Welt?

Wie können wir denn Frieden gewinnen, außer durch uns selbst? Wie können wir denn menschlich werden, außer durch uns selbst? Wie können wir denn richtige Entscheidungen für Gemeinschaften treffen, außer durch uns selbst? Nur die, die sich selbst erkannt haben, sich, wenn nötig, Wandlung und Heilung unterzogen haben, die das Harte in sich weichgemacht haben, können Menschliches in die Welt bringen. Erst sie können ihr Herz öffnen für andere Menschen. Nur die, die Frieden in sich gefunden haben trotz all der Schmerzen, Herausforderungen und Nöte dieser Welt, können Frieden auch in die Welt bringen. Sie haben dann erst Sehnsucht nach Frieden in sich und kein Bedürfnis mehr nach Streit. Erst die, die sich selbst gefunden haben, können auch über sich hinauswachsen im Sinne der Gemeinschaft und treffliche Entscheidungen fällen.

Gerade in dieser Zeit der Herausforderungen, der Verunsicherungen und der Eskalation ist es von unschätzbarem Wert, sich selbst zu finden, damit man einen guten, elastischen und geschmeidigen Stand hat, um nicht zu brechen im Sturm des Lebens. Die Sollbruchstellen sind immer die harten, unbewussten Stellen in uns Menschen. Eine Weile lang mögen die harten Stellen zum Erfolg verhelfen, doch der Preis ist hoch. Burnout, Depressionen und Angsterkrankungen als Volkskrankheiten sind beredtes Zeugnis davon. Die brutale Ausbeutung der Natur und ihre ökologischen Konsequenzen im Artensterben, weltweiter Temperaturanstieg und damit zusammenhängende Folgen können nur von einem Menschen mit warmem, offenen Herzen als traurig erlebt werden. Nur ein Mensch, der andere fühlende Wesen liebt, ist bereit, sein Leben zu verändern, um ökologische Antworten zu geben.

Eine langfristige Erfüllung als Mensch zu leben, hat immer mit der eigenen Bewusstheit, mit dem Erkennen eigener blinder Flecken zu tun, die dann erhellt werden können und ins Bewusstsein steigen. Menschlichkeit wird durch Erkenntnis und Bewusstheit größer. Unser Herz weitet sich, wenn wir die graduelle Unterschiedlichkeit voneinander erkennen bei aller Gleichartigkeit. Zudem heilt Erkenntnis und Bewusstheit narzisstische Tendenzen. Wir wissen dann nämlich um unsere eigenen Wunden und Begrenztheiten und dadurch ist uns der andere weniger fremd und damit auch weniger bedrohlich. Wir kommen noch stärker in die Liebe.

Wir können zufriedener und friedvoller leben, wenn wir eine Ausrichtung gefunden haben, die uns in einen sinnvollen Zusammenhang einbettet. Wir können erfüllter leben, wenn wir mehr und mehr Kooperationen erfahren mit Kräften, die wir ehren, statt sie ängstlich zu mystifizieren oder abzuwehren. Wir sind glücklicher, weil wir dankbarer sind für unser Leben und die ungezählten Kleinigkeiten, die das Leben so schön machen, als ein Mensch, der sich diese Kraft nehmen lässt durch eine konsumistische und materialistische Haltung. Unsere Fähigkeiten können sich besser entfalten, wenn wir unsere Potenziale überhaupt erst einmal wahrnehmen.

Es ist gerade jetzt wichtig zu schauen, wer wir sind und uns auf uns selbst in unserer Tiefe einzulassen und Widerstände mehr und mehr aufzugeben.

Mensch und Seele

„Fange damit an, dass du über dich selbst nachdenkst, damit du dich nicht selbstvergessen nach anderem ausstreckst. Was nützt es dir, wenn du die ganze Welt gewinnst und einzig dich verlierst? Denn wärest du auch weise, so würde dir doch etwas zur Weisheit fehlen, solange du dich nicht selbst in der Hand hast. Wie viel dir fehlen würde? Meiner Ansicht nach alles. Du könntest alle Geheimnisse kennen, du könntest die Weiten der Erde kennen, die Höhen des Himmels, die Tiefen des Meeres. Wenn du dich selbst nicht kennen würdest, glichst du jemandem, der ein Gebäude ohne Fundament aufrichtet, der eine Ruine, kein Bauwerk aufstellt. Alles, was du außerhalb deiner selbst aufbaust, wird wie ein Staubhaufen sein, der jedem Wind preisgegeben ist."

Bernhard von Clairvaux[1]

Wir haben uns als geistige Wesen in die materielle, physische Welt begeben. Inkarniert ist dafür ein guter Ausdruck (lat.: incarnatio, also „Fleischwerdung"). Das ist eine starke Verdichtung und Verengung durch eine sehr viel langsamer

1 Bernhard von Clairvaux, in Ökumenisches Heiligenlexikon, Bernhard von Clairvaux an Papst Eugen III, Betrachtungen, www.heiligenlexikon.de vom 21.3.2017, mit freundlicher Erlaubnis von Joachim Schäfer

werdende Schwingung der hochfrequenten Energie der Seele. Dadurch entsteht der Eindruck von Enge und Dunkelheit. Kälte entsteht auch durch Verlangsamung der Schwingung. In dieser verdichteten und langsameren Schwingung ist es schwierig, das schneller und höher schwingende Licht wiederzufinden, dort hinein wieder einzusteigen.

Gelingt uns das, sind wir auf einer lichtvolleren Ebene unseres Seins, fühlen uns verbunden und liebend, ja als eine Einheit mit allem, was ist. Eine bewährte Technik, uns dorthin zu bringen, ist Meditation. Es gibt aber auch andere sehr gute Möglichkeiten (u. a. Beten, Pilgern, Yoga, Mantras, Mudras, Musik und Tänze, intensive Naturerfahrungen).

Gleichgültig mithilfe welcher Technik wir diese Ebene besuchen, wir sind entspannt, nach innen gewandt, halten den Fokus auf unsere Mitte. Dann gibt es keine Zeit mehr, sondern reine Präsenz. Wir kommen auf eine Ebene unseres geistigen Seins, in eine Dimension, in der das Unmögliche möglich wird und das göttlich-menschliche Leben beginnt. Dieses Sein strahlt auf die gesamte Schöpfung sonnengleich aus. Auf dieser Ebene sind wir frei von karmischen Bedingungen und es findet Heilung statt, wenn wir es geschehen lassen.

Wie wir alle leidvoll wissen, geht es in unserem Leben hier auf Erden zuweilen nicht harmonisch, konfliktfrei und liebevoll zu. Die leidvollen Erfahrungen zu benennen, kann ich mir an dieser Stelle ersparen. Davon weiß jeder ausreichend genug.

Warum ist das so, wenn wir doch lichtvolle geistige Wesen unserem Ursprung nach, in unserer Essenz sind?

Eigentlich habe ich die Antwort oben schon in Kurzform gegeben. Es hat zu tun mit der Inkarnation, der sehr langsam werdenden Schwingung, wenn wir einen Körper annehmen. Vom reinen, vibrierenden Licht bis hin zu einem materiellen Körper geschieht eine so starke Wandlung, dass es wie ein Vergessen dessen ist, wo wir herkommen und wer wir wirklich sind. In den alten griechischen Mythologien wurde es sich so vorgestellt, dass die Seele über den Fluss Styx setzen muss, um auf die Erde zu kommen. Beim Übersetzen vergisst sie, woher sie kommt und wer sie ist. Wenn sie zurückkehrt, nach dem Ablegen des Körpers, schwimmt oder fährt sie wieder durch den Fluss und erinnert sich wieder an alles.

Eine ebensolche gelungene Erzählung finden wir in der christlichen Weisheitsliteratur, der Bibel, in der Erzählung, dem Gleichnis vom verlorenen Sohn. Der Sohn hat einen sehr reichen Vater. Er lässt sich sein Erbe auszahlen und geht weit weg, in ein fremdes Land. Dort verjubelt er sein Erbe, kann sich an nichts mehr erinnern und landet in schrecklicher Armut. Sein Vater schickt einen Boten nach ihm aus. Der fragt ihn, ob er wirklich nicht mehr wisse, wer er sei. Sein Vater suche ihn. Da erinnert sich der Sohn schwach. Er kehrt heim. Der Vater freut sich und feiert mit ihm und allen Gästen ein Fest der Wiedersehensfreude.

Dieses Gleichnis erinnert mich an meine Nahtoderfahrung. Ich fühlte mich in diesem Licht und zugleich als dieses Licht. Ich fühlte mich Zuhause, geliebt und ich vibrierte gemeinsam mit andern Lichtwesen in Freude und Liebe. Und wie fremd und kalt wirkte meine Rückkehr in meinen Körper.

Warum bleiben wir nicht einfach auf der einenden Ebene des Lichtes? Denn dann wäre Frieden, es gäbe keine Konflikte und alles wäre gut, könnte man denken. Mir ging das Herz auf, als ich während der Nahtoderfahrung erkannte, dass alle Wesen, die auf dieser physischen Ebene existieren, unter dieser Kälte, Härte und Dunkelheit zu leiden haben. Es ist unsere Aufgabe, durchfuhr es mich, Mitgefühl und Barmherzigkeit zu entwickeln.

Wir haben uns sozusagen bereit erklärt, die Aufgabe zu übernehmen, das Licht[2], den Geist[3], das Bewusstsein[4] in die Materie zu bringen. Weil wir Kinder der *Göttlichen Quelle* sind, vom selben Licht wie sie, und uns unser Erbe, der lichtvolle Geist, und unser Bewusstsein über dieses Licht und die subtilen Kräfte, die es birgt, gegeben worden ist, können wir eine Welt mitkreieren, die lichtdurchflutet ist. Eine Welt der Liebe und Heilung und des Friedens.

Es gibt dabei eine große Hürde. Denn damit wir in dieser physischen Welt leben können, haben wir einen Körper. Wo Körper ist, gibt es Raum und mit dem Raum ist auch die Zeit da. Wir bewegen uns also durch den Raum in der Zeit mithilfe unseres Körpers. Durch unsere Erfahrungen, die wir im Körper machen, entsteht ein Denken der Kausalität, Ursache und Wirkung. Wir denken linear, und Schicht für Schicht setzt eine Identifizierung mit dem Körper ein. „Ich kann nicht durch diese Wand gehen, sie ist fest und mein

2 Licht als eine Emanation Gottes

3 „Was ist der Geist? Der Geist ist ein nicht-körperliches, nicht-substanzielles Phänomen, er hat keine Form und keine Farbe; aber er reflektiert die Objekte, wie ein Spiegel es tut." Lama Zopa Rinpoche in Ute Frank, Wege aus dem Stresszyklus, S. 124

4 Bewusstsein als ein nicht lokales Wahrnehmen, das verschaltet ist mit unserem Gehirn.

Körper ist auch fest." Den Körper nennen wir „Ich". Durch seine Hautgrenze erleben wir uns getrennt von anderen. Und wir stellen uns vor, dass in diesem Körper eine Seele wohnt.

Als Kind sah ich mir fasziniert Darstellungen von Wilhelm Busch und der frommen Helene an. Sie zeigen, wie die Seele Helenes Körper verlässt. Ein Gebilde wie eine längliche Wolke steigt aus Helenes Körper heraus. So stellen sich fast alle den Prozess des Sterbens vor.

Wir gehen aber gleichsam tagtäglich schon durch eine Wand, durch Materie hindurch, wenn wir dahinter an den Menschen denken, der dort ist, vielleicht ja auch sogar Hunderte von Kilometern entfernt, wenn wir ihn empathisch wahrnehmen. Kraft unserer empathischen Gefühle und unseres Bewusstseins können wir einen anderen Menschen in seinem Wesen wahrnehmen, also hinter die körperliche Fassade schauen. Auch dann überwinden wir mit unserem Geist Materie. In Träumen können wir den Menschen hinter dieser Materiewand sogar besuchen. In astralen Reisen sind wir auch ganz Geist. Wenn wir unsere hellen Fähigkeiten trainiert haben, können wir ihn auch im Wachbewusstsein besuchen. All das zeigt, wir sind geistige Wesen und untereinander in diesem Geist verbunden. Geist und Bewusstsein haben keinen feststofflichen Körper, kennen keine Trennung.

Es ist auch eine Fehlinterpretation zu meinen, die Seele wohne in unserem Körper. Sie wohnt auch in unserem Körper, aber nicht nur. Um das zu veranschaulichen, hole ich etwas aus.

Zum ersten Mal sah ich, was mit der Seelenenergie geschieht beim Sterben, als ich meinen Wellensittich in Händen hielt, während er starb. In kleinen Spiralen begann

Energie aus seinem Körper zu steigen. Diese Energie wurde immer größer, je schwächer sein Körper wurde. Dann schwebte diese Energie in einem großen Feld um ihn. Seine Energie hatte sich mit dem morphischen Feld wiedervereinigt und sein Körper wurde kalt. Als morphisches Feld bezeichnet Rupert Sheldrake ein Feld, das als „formbildende Verursachung“ der Strukturen in der Raumzeit angesehen wird.

Wir sind also umgeben von derselben Kraft, die unsere Seele ist. Wir schwimmen in dieser Seele wie in einem Ozean und dahinein kristallisiert sich unser Körper und wird durchdrungen von ihr, wie Milch den Kaffee durchdringt. Und sie bewohnt unseren Körper und macht ihn lebendig, denn die göttliche Seele ist das Lebendige. Wir schwimmen wie in einem großen Ozean in dieser Kraft und sie belebt gleichzeitig jede Zelle unseres Körpers.

Und um die Frage, warum wir nicht einfach auf Lichtebenen bleiben, noch genauer zu beantworten, schließe ich folgende Überlegungen an.

Es gibt einen großen Vorteil für uns Menschen, einen Körper zu haben. Wenn wir Erfahrungen machen in unserem Körper, können wir sie gleichsam vor uns hinstellen, wir können uns von ihnen distanzieren und sie reflektieren, nachfühlen und über sie nachdenken und so können wir ganz wunderbar lernen. Alle Gefühle und Gedanken können wir auf Distanz bringen, solange wir in unserem Körper sind und sie reflektieren und daraus lernen. So können wir unser Denken und Fühlen verändern. Wir können sie erweitern und verfeinern. Wir können sie vergeistigen, sie immer mehr mit der Seele verschmelzen lassen und wir werden dabei lichtvoller und liebevoller. Sind wir eingegangen in den Ozean, weil wir unseren Körper abgelegt haben, was wir sterben nennen, haben wir dagegen keinerlei Distanz zu dem, was wir sind oder fühlen. Das Lernen ist dann anders. Wir lernen auch dann weiter. Es ist aber ein Prozess, der mit der bedingungslosen Hilfe der Engel durch Impulse vorangebracht werden kann, damit wir Einsicht finden. Wir durchschreiten gemäß unserer Seelenreife die Dimensionen, hier und dort. So kann es auch sein, dass eine Seele sehr zügig durch die astralen Ebenen reist, die Buddhisten nennen das Bardo, hin zum göttlichen Licht. Eine Seele, die Impulse der Engel und göttliche Liebe nicht wahrhaben will, die in sich verharrt, sitzt gleichsam fest auf einer astralen Ebene. Dieses in sich Verharren kann auch in Gefühlszuständen geschehen, die wir als durchaus höllenhaft beschreiben würden. Jemand, der in diesem Leben darauf bestanden hat, in seinem Hass, in seinem Neid, in seiner Lieblosigkeit zu bleiben, anstatt zu lernen liebevoller und liebenswerter zu leben, wird zunächst einmal diese Energie mitnehmen und gleichsam darin sein.

Gelingt es uns jedoch, noch in unserem Körper, ganz in unsere Seele zu gehen, zu erwachen zu dem, wer wir wirklich sind, können wir ganz aus dem freien Willen heraus agieren. Wir unterliegen dann nicht mehr den karmischen Bedingungen und durchbrechen selbst Gesetze des Körpers, an die wir sonst gebunden sind.

Beispiele geben uns die Meister. Christus beispielsweise heilte Blinde und Lahme und erweckte Tote. Er ging über das Wasser. Er setzte Naturgesetze, die für einen durchschnittlichen Menschen als unumstößlich gelten, außer Kraft. Das nennen wir dann Wunder.

Im Hinduismus sagt man über Mahavatar Babaji, der 203 n. Chr. geboren worden ist, er erscheine seinen Jüngern bis in die heutige Zeit. Zeugen sind Meister des Kriya Yoga wie Lahiri Mahasaya, Sri Yukteswar und Yogananda selbst.

Als Yogananda starb, verließ er seinen Körper bewusst, ohne 20 Tage lang Zeichen des körperlichen Verfalls zu zeigen. Man sagt, das sei möglich gewesen, weil seine Körperzellen so sehr mit Licht aufgeladen gewesen seien.

Es gibt ein Dokument, das der Friedhofsdirektor von Forest Lawn Memorial Park in Los Angeles, Harry T. Rowe, wo Yoganandas Körper ruht, verfasst hat. Er bestätigt darin die ungewöhnliche Tatsache, dass am Leichnam Yoganandas auch 20 Tage nach seinem Tod keinerlei Verfallserscheinungen zu erkennen waren. Es gab keine Zeichen der Verwesung, Austrocknung oder Auflösung. In seinem gläsernen Sarg liegend, konnte man den toten Körper Yoganandas gut beobachten. Er bestätigt, dass Yogananda, kurz bevor der Bronzedeckel auf seinen Sarg kam, „genauso frisch und von Tode unberührt“ wie am Abend seines Todes aussah.[5] Paramahansa Yogananda, der große Meister des Kriya Yogas, hat seinen physischen Körper dermaßen mit Licht aufgeladen und ein entsprechend erleuchtetes – wie zutreffend hier die Doppeldeutigkeit des Begriffes ist – Bewusstsein entwickelt, dass diese Aufladung auch nach seinem Tod für drei Wochen stärker wirkte als die sonst physischen Zerfallsprozesse. Solcherlei Phänomene werden auch über einige Heilige berichtet. Bislang gibt es keine wissenschaftliche Erklärung dafür.

5 Vgl. Paramahansa Yogananda, Autobiografie eines Yogis, Paramahansa Yogananda – ein Yogi im Leben und im Tod, München 1996, S. 1

Solange jemand aber nicht erwacht ist, lebt er in einer Art Determinismus. Gute Astrologen und die Palmblatt Bibliothek zeugen davon. Sie können aufgrund dieses Determinismus Zukunftsvoraussagen treffen. Es sind Eckpfeiler der Entwicklung, das bedeutet, es sind die großen Wegweiser unseres Seelenpfades, die uns letztendlich in die göttliche All-Liebe führen, das Ziel unseres Seelenweges.

Das Erwachen führt dazu, dass wir im Einssein mit der göttlichen Seele sind, so wie ein Sonnenstrahl der Sonne gleich ist und doch nicht die gesamte Sonne ist, können wir dem Göttlichen gleich werden und doch gleichzeitig nicht das gesamte Göttliche sein. Kausalitätsketten können aufgehoben werden. Physikalische Gesetze können außer Kraft gesetzt werden. Interessen des Egos nach Besitz, Ruhm und Macht spielen keine Rolle mehr. Sie haben ihre Anziehungskraft verloren, weil unser Ego nun dem eigentlichen Sein unseres Wesens dient, unserer Seele.

Es gibt unterschiedliche Stufen der Selbstverwirklichung, des Erwachens, der Erleuchtung. Ein schönes Bild dafür ist eine Baumscheibe, auf der man gut die Jahresringe erkennen kann. So können wir uns unsere Entwicklung vorstellen. Jede nächste Stufe legt sich um die Vorausgegangen herum, geht aus ihnen hervor. Kommen wir in die Liebe und Klarheit, die unsere Seele ja ist, sind wir anfangs noch sehr nah an den Zuständen des Egos und sind jederzeit dazu imstande, zu implodieren, in die vorangegangenen Zustände zurückzufallen. Je weiter sich die Erleuchtungsstufe vom Ego entfernt, desto unwahrscheinlicher ist dieses Zurückfallen in alte Zustände des Egos. Wir stabilisieren uns in die Liebe und Weisheit hinein.

Gleichwohl bleibt diese Gefahr bestehen. Wir haben alle schon von Meistern gehört, die sehr hoch entwickelt waren und dann begannen, ihre Schüler zu missbrauchen. Solch ein Missbrauch kann emotional, sexuell oder finanziell geschehen und ist ein Zeichen eines Rückfalls in das Ego.

Der Weg der menschlichen Entwicklung ist also sehr komplex und manchmal mutet er uns schwierig an. Uns zur Seite sind geistige Wesen gestellt, die uns auf diesem schwierigen Weg helfen. Allen voran die Engel. Sie dienen in reiner Liebe dem Göttlichen, auch dem Göttlichen in uns.

Menschen und Engel

Engel sind Wesen der geistigen Welt. Die geistige Welt kennt weder Raum noch Zeit. Eine Dimension und ein Sein, die wir kaum denken können. Wir können es kaum verstehen, weil wir einen Körper haben. Der physische Körper ist immer gebunden an Raum und Zeit.

Ohne Zeit ist aber alles quasi gleichzeitig oder jetzt. Ohne Raum gibt es nur Allgegenwart oder ein Überall. Schon unsere Sprache tut sich schwer, das auszudrücken, da sie gebunden ist an unser logisches Denken und an körperliche Struktur.

Wesen der geistigen Welt sind also reines Sein. Sie können überall und an mehreren Orten gleichzeitig sein, da sie nicht an einen Körper gebunden sind. Sie können auf unserer Zeitgeraden hin und her in die Vergangenheit, Gegenwart und Zukunft gehen, weil sie frei sind von Zeit. Genauer gesagt, kennen sie die Zeitvorstellung in ihrem Sein so gar nicht, sondern alles akkumuliert in diesem einen Seinszustand. Wir erleben Zeit durch unseren Körper und unsere Identifikation mit ihm. Sobald wir beginnen, unsere Identifikation zu ändern und erkennen, dass wir auch geistige Wesen sind, die vorübergehend in einem Körper wohnen, berühren wir eine Ebene, auf der wir besser verstehen, um was es hier geht. So wie Jesus Christus sinngemäß sagte. Ihr seid nicht von dieser Welt, aber in dieser Welt.[6]

Wir machen uns jetzt einmal deutlich, dass ein Anteil von uns Menschen in dieser geistigen Welt lebt, im Meer aller Möglichkeiten, denn in der geistigen Welt sind alle Möglichkeiten als Information enthalten, so wie der andere Teil von uns einen irdischen, körperlichen, gebärenden oder den manifestierenden Teil darstellt, der eine Möglichkeit aus der geistigen Welt in die Realität der körperlichen Welt schaltet. So lassen wir eine Möglichkeit, ein Potenzial, zu einer gelebten Wirklichkeit werden. So realisieren wir unsere Ideen. So spüren wir, was unser Weg ist, den wir gehen dürfen, damit sich unser Leben erfüllt.

Wir sind also tatsächlich beides, Körper und Geist zugleich. Wobei der Körper uns Grenzen setzt, Schmerzen erfahren lässt und alles zeitlich und räumlich einordnet in der Welt der Materie. Die Welt des Geistes ist jedoch unser Zuhause, von dort kommen wir und dorthin kehren wir zurück.

Bei uns ist es wie bei einem Computer, der seine Informationen aus einer Quelle (die geistige Welt) außerhalb des Gerä-

6 Jerusalemer Bibel, Johannes 17, 11-19

tes (seines Körpers) bezieht. Dabei stellen wir uns vor, dass wir selbst eine Bündelung all unseres Seins durch alle Dimensionen und Seinserfahrungen hindurch sind, die Seele oder auch Hohes Selbst genannt wird. Die Seele ist vorstellbar als Individuation des göttlichen Geistes. Sie ist grenzenlos und bleibt, einerlei, durch welche Begrenztheit wir sie wahrnehmen, immer grenzenlos. Allerdings macht sie mithilfe des „Ich" die Erfahrung subjektiver Begrenzung, wenn sie inkarniert. Sie komprimiert sich zu und im „Ich", begrenzt sich, um Erfahrungen zu machen, ermöglicht durch das Eintreten in die physische Welt, in der wir uns befinden.

Die Seele ist ihrerseits mit der ewigen Quelle Gottes auf das Innigste verbunden. So wie die derzeitige Persönlichkeit mit der Seele verbunden ist, ist die Seele verbunden mit dem Göttlichen.

Mit dem geistigen Anteil in uns nehmen wir die Engel wahr. Da Engel keinen Körper haben, können wir sie nicht mit unseren physischen Augen sehen oder mit unseren physischen Ohren hören. Wir sehen und hören sie mit unseren feinstofflichen, oder besser gesagt, subtilen Sinnen.

Sie sind wie verlängerte Arme und ein erweitertes Herz Gottes. Sie sind mit der göttlichen Quelle direkt verbunden. Sie halten diese innige Verbindung im Gegensatz zu den allermeisten von uns Menschen problemlos, da sie reine geistige Wesen in Klarheit und Liebe ohne physischen Körper sind. Unsere Verbindung zur göttlichen Quelle wird von der Quelle aus immer gehalten, doch wir blockieren ihren Zustrom durch die starke Identifikation mit dem physischen Körper und der materiellen Welt, durch unser sogenanntes Ego, das mit allem Weltlichen identifiziert ist. Je deutlicher wir diese Identifikation zurücknehmen, desto bewusster und stärker sprudelt wieder der Zustrom der Quelle in uns und unser Leben. Die Engel sind immer in der Kraft der Liebe und Wahrheit. Deshalb nehmen wir sie immer deutlicher wahr, je stärker wir in unsere Liebe hineinwachsen.

Engel wahrnehmen

Wir nehmen Engel so wahr, wie wir sie am besten annehmen und verstehen können. Sie haben ihrerseits keinen Körper, sondern sie erscheinen uns in einem Zusammenspiel zwischen Psyche, Denken, Fühlen und geistiger Wahrheit und Liebe. So ist garantiert, dass ein Jeder sie am besten erkennen und verstehen kann nach seinem Vermögen.

Ihre Farben und ihre Bewegungen, ihr Ausdruck in Körper und Erscheinung tragen meistens symbolische Bedeutungen für uns. Ihre Botschaften oder Antworten sind Schwingungen aus der Quelle, die sie zu uns bringen. Sie sind Boten. Wir übersetzen gleichsam ihre Botschaften in unsere Sprache, um sie zu verstehen.

Das deutet schon an, dass die Engel und ihre Botschaften auch eine Frage der Wahrnehmung desjenigen sind, der sie deutet und weitergibt. Alles wird durch das Bewusstsein desjenigen gefiltert, der das Licht und die Schwingungen der Engel in menschlich verständliche Formen bringt. Dadurch können Unterschiede entstehen in der Wahrnehmung und der Deutung. Je geschulter ein Mensch ist und je weiter sein

Bewusstsein und je reiner sein Herz, desto präziser kann er die Engel verstehen und sie sozusagen dolmetschen.

Ein reines Herz zu haben bedeutet nicht unbedingt ein fehlerfreier Mensch zu sein. Es bedeutet eher, den Geist zu beruhigen und sehr gegenwärtig zu sein. Für diesen Augenblick ohne Beurteilung zu bleiben und zu lauschen und bei all dem, was geistig wahrgenommen wird, darauf zu achten, dass ein liebevolles Gefühl dabei bleibt. Es bedeutet, die Engel und ihre Botschaften in diesem Augenblick klar und dankbar anzunehmen.

Kritische Gedanken, Selbstzweifel und egozentrische Leistungsanforderungen sind eher kontraproduktiv und wirken als Störsender.

Den Kontakt zu Engeln können wir zudem stärken und fördern, indem wir uns auf sie liebevoll einstellen durch Gebete, Musik, durch unsere Liebe zu ihnen und durch unsere demütige Bitte um Kontakt zu ihnen. Durch die Stärkung unserer lichtvollen Seite, gleichsam unseres eigenen engelhaften Seins, entsteht Verbindung zu ihnen.

Menschen wahrnehmen

Gut, Engel wahrzunehmen braucht unser liebevolles Sein. Aber andere Menschen wahrzunehmen ist doch simpel. Oder? Wenn wir einen anderen Menschen im Alltag wahrnehmen, meinen wir, wir nähmen ihn so wahr, wie er ist. Doch beim Sehen haben wir ihn auch schon durch unsere Erfahrungen, Gefühle, Bedürfnisse, Einordnungen gefiltert.

Wir haben Wahrnehmungsfilter im Alltag, die oft auch unbedingt notwendig sind, um in dieser Welt zu bestehen. Wir brauchen manchmal eine Ausblendung, um einen Fokus halten zu können. Kontinuierlich alles um uns herum wahrzunehmen, wäre eine kolossale Reizüberflutung. Hier geht es jetzt aber um Wahrnehmungsfilter, die unsere Wahrnehmung in unsere alten Perspektiven und Erfahrungen strömen lassen. Wir sehen also in einem anderen Menschen auch immer etwas von uns. Je unbewusster wir sind, desto mehr nehmen wir von uns statt von dem anderen wahr. Man nennt das Projektion. In mir ist etwas, das ich auf den anderen Menschen projiziere. Vergleichbar einer rosaroten Brille, die ich nicht bemerke und durch die ich schaue. Diese Brille ist ein Symbol, beispielsweise für ein nicht bewusstes Gefühl. Durch sie sehe ich den anderen Menschen rosarot, ohne zu realisieren, dass es ja meine Brille ist, durch die ich blicke. Ich sage dann zu anderen: „Der ist ja total rosarot! Das mag ich gar nicht." oder: „Der ist ja rosarot! Das mag ich besonders gerne." Also, an dieser Stelle sei schon mal vor Be- und Verurteilungen anderer Menschen gewarnt.

Sind wir in reiner, fließender, weicher Liebe, können wir den anderen Menschen erkennen. Aber schon ein Kind im Mutterleib unterliegt den Einflüssen der Reaktionsmuster der Mutter, auf zum Beispiel Stimmen, die es auch wahrnehmen kann, und wird schon vorgeburtlich geprägt. Wenn es eine laute Stimme hört und die Mutter schüttet viel Adrenalin aus, lernt das Kind diese Kombination von lauter Stimme und Stress. Es lernt sehr subtil erste Reaktionen.

Hat es das Licht der Welt erblickt, beginnen die Spiegelneurone zu arbeiten. Die Spiegelneurone sind in den letzten

Jahren gut erforscht worden. Lächelt das Kind sein Gegenüber in seiner weichen Liebe an, aber das Gegenüber blickt ohne darauf einzugehen streng, lernt das Kind schnell, nicht mehr zu lächeln. Es verhärtet sich etwas in ihm, weil seine Liebe, die sich im Lächeln ausdrücken will, nicht aufgenommen wird, keine Resonanz findet. Bei jeder liebevollen Regung in diesem Menschen, die ins Leere läuft oder gar reglementiert oder bestraft wird, kann seine Liebe nicht strömen, wird festgehalten und verhärtet etwas. So geht es Jahr um Jahr, bis Panzerungen entstehen und der Energiefluss der Lebendigkeit und Liebe ins Stocken gerät. Besonders nach tiefen, großen Schrecken, Schocks und Traumata stockt die lebendige fließende Liebe. Da, wo Energie nicht frei fließen kann, besonders unsere Liebe als höchste Form der Energie, können sich Probleme manifestieren in allen Bereichen des Lebens. So verhärten Menschen. So entstehen die Verhärtungen, die es uns unmöglich machen, den anderen so zu sehen wie er in seinem Wesen ist. Wir sind selber Träger solcher Verhärtungen und betrachten jemanden, der hinter seinen Verhärtungen lebt. Wir werden durch diese Energieverhärtung gleichsam vom Lebensfluss getrennt und erkranken an Psyche, Beziehung und Körper.

In diesem Zusammenhang sind die Jesusworte in den Seligpreisungen zu verstehen:

„Tubwehun l'makiche d'hinnon nertun arha."

(Aramäisch)[7]

7 Neil Douglas-Klotz, Das Vaterunser, S.86

„Selig sind die Sanftmütigen;
denn sie werden das Erdreich besitzen."
(Lutherbibel)[8]

Was heißt das? Wenn wir das Harte in uns weichgemacht haben, also sanft geworden sind, wird uns Lebensenergie geschenkt. Wir erleben Schaffenskraft, Inspiration und Unterstützung. Wenn wir aus tief empfundenem Schmerz heraus weinen können, uns bewusst geworden sind, wie die Härte, die wir erlebten, mit unserer eigenen Resonanz zu tun hat, werden wir sanft. So sanft und durchlässig, dass wir in Einklang kommen mit der Erde, mit dem physischen Sein und allen subtilen Bereichen, deren Kristallisation der physische Körper ist.

Was ist das Harte in uns? Was macht uns hart? Alle schroffen Moralvorstellungen und alles, was wir tun, ohne zu spüren, was und wie wir es tun. Alte, noch nicht in Liebe gewandelte Erfahrungen können uns hart machen und sie zeigen sich oft in Beurteilungen und Verurteilungen anderer. Alles Müssen und Sollen, das ohne Sinn und Liebe abverlangt wird, verhärtet uns allmählich.

Diese Verhärtungen lassen nicht mehr zu, dass wir den anderen in seiner Tiefe erkennen, sondern sie sind wie ein Spiegelschrank, der uns immer nur selber reflektiert. Das heißt, statt den anderen sieht man sich selbst. Wir projizieren uns im anderen. Das, was uns stört, hat mit uns zu tun.

Was bedeutet es, das Harte in sich wieder weich zu machen?

8 Matthäus 5, 5

Zunächst ist es notwendig, den Wunsch, die Absicht zu haben, etwas wieder zu erweichen. Dazu brauchen wir ein Gefühl für das Harte in uns. Das bedeutet Schmerz und Leiden. Schmerz über unsere eigene Begrenztheit, unsere Beobachtung, hier und da nicht lieben zu können, wie wir es jedoch von uns in unserem Potenzial und unserer Sehnsucht erspüren. Das können immer wiederkehrende Konflikte sein, die mit unserem Verhalten zu tun haben, die uns schmerzen, auseinanderbrechende Beziehungen, Einsamkeit, ja, unglückliches Leben. Überall, wo Liebesmangel herrscht, entstehen Unglück und Schmerzen. Physisch bedeutet das Erkrankungen jedweder Art, so wie es die Psychosomatik erklärt. Kurz gesagt: Dort, wo die Energie nicht fließen kann, beginnt Erkrankung.

Der nächste Schritt wäre, wieder in die Liebe zu kommen. „Aber wie?“, werden Sie fragen. Beginnend mit der Verhärtung, die sich oft in Tränen und Klagen Bahn bricht, folgen wir der Energie. Dabei geht es durch unterschiedliche Schichten der Verhärtung, Verdrehung und Irritation hindurch. Unter der ersten Schicht liegen vielleicht noch tiefere Schichten, bis man wirklich beim Ursprung angekommen ist. Das können familiäre Bedingungen sein, die in Ahnenketten hineinragen. Sehr altes gelerntes Verhalten, das über Generationen hinweg weitergereicht worden ist durch Verhalten und Worte. Es kann erschütternd sein, das zu fühlen.

Es können ebenso Situationen sein, die etwas in uns festgefroren haben, wie ein tiefer Schock, ein Trauma. Es können auch karmische Bedingungen sein, die darauf warten, durch unseren Bewusstseinswandel erlöst zu werden. Dabei geht es darum zu lernen, ein altes Gefühl weich werden zu lassen und eine wertschätzende und zunehmend liebevolle Haltung zu entwickeln. Unsere Überzeugungen, die aus diesen Tiefen gespeist werden, sind unsere Lesebrille für andere Menschen, Situationen, Beziehungen und die Welt. Aus ihnen heraus entstehen unsere Vorstellungen über sie.

Doch das Tiefste in des Menschen Kraft ist immer die Liebe. Und sie beginnt sich dann, wenn das Harte in uns wieder weich wird, zu regen für uns selbst und schließlich auch für alle Beteiligten. Sie beginnt, durch die Verhärtung hindurch zu schmelzen, sie aufzulösen und sich den Weg in das Bewusstsein zu bahnen. Aufgrund der Mächtigkeit des Geschehens ist es dann gut, eine Begleitung zu haben. Einen Menschen, dem man vertrauen kann, der weiß, was er tut in seinem Beistand, mit seiner Therapie oder Heilungsart. In ihm kann man sich ebenfalls sehen, den Anteil in sich, den man dann inneren Heiler nennt. Wir erkennen uns nicht nur im Leiden und den Irritationen der anderen Menschen, sondern auch in ihren Stärken und ihrer Schönheit. Wir erkennen das, was in uns selbst ist. Was nicht in uns ist, nehmen wir nicht wahr.

Wir werden in dem Prozess des Schmelzens der Verhärtungen gleichsam wieder zu Kindern, denn unsere ursprüngliche Liebesfähigkeit kommt zurück. Heilung bedeutet ein Zurückerlangen eines ursprünglichen Zustandes. Der ursprünglichste Zustand ist Liebe.

Je mehr Liebe in einem Menschen fließen darf, desto eher erkennt er sein Gegenüber. Dieser Mensch kann sagen: „Ich bin liebend. Ich beginne, offen wahrzunehmen. Ich bin aus meinem Spiegelschrank herausgetreten und nehme die Allverbundenheit und unendlichen Möglichkeiten wahr. Ich fühle den Schmerz der Begrenzung des anderen und erkenne auch sein darunterliegendes Potenzial. Ich fühle mit ihm." Das Mitgefühl ist erwacht.

Bei diesen Heilungsprozessen wird uns immer Hilfe aus der geistigen Welt zuteil. Zurück in einen liebevolleren Zustand zu kommen, bedeutet auch zurückzufinden in das ursprüngliche Sein. Unser Ursprung ist die geistige Welt, aus der wir kommen und in die wir wieder zurückkehren werden. In der geistigen Welt ist unser Ursprungsstamm die Liebe. So ist es allen liebevollen geistigen Helfern eine Freude, uns zu helfen. Bitten wir darum, wird es getan, soweit es möglich ist. Sie respektieren immer unseren göttlichen freien Willen und die Gesetze Gottes.

Es gibt karmische Gesetze, nach denen Heilung nur soweit erfolgen kann, wie im Sinne der Liebe gelernt worden ist. Da, wo noch zu lernen ist, bleiben mehr oder weniger breite Spuren des Themas, an dem wir noch lernen. Doch es wird alles getan, uns aufmerksam zu machen und uns Lernhilfen zu geben.

Das Lösen dieser Probleme bis hin zu Familienthemen durch Bewusstwerdung und Transformation dient nicht nur demjenigen, der endlich den Mut und die Entschiedenheit zeigt, sich dem zu stellen, sondern auch den Ahnen und den Nachfolgenden. Das gesamte gemeinsame Informationsfeld verändert sich, in dem wir alle leben.

In einer energetischen Sicht, nämlich der Verbundenheit mit denen, die uns vorausgegangen sind, heißt das, dass ein schweres Thema für sie leichter wird und noch mehr Licht zu ihnen kommt, und für die uns folgenden ist dieses Thema gelöst. Sie können sich anderen weiterführenden Aufgaben widmen, die immer lichtvoller werden.

Resonanz – Mitschwingen

„Haben Sie Geduld gegen alles Ungelöste
in Ihrem Herzen und versuchen,
die Fragen selbst liebzuhaben
wie verschlossene Stuben und wie Bücher,
die in einer sehr fremden Sprache geschrieben sind.
Forschen Sie jetzt nicht nach Antworten,
die Ihnen nicht gegeben werden können,
weil Sie sie nicht leben können.
Und es handelt sich darum, alles zu leben.
Leben Sie jetzt die Fragen.
Vielleicht leben Sie dann allmählich,
ohne es zu merken,
eines fernen Tages
in die Antwort hinein.“[9]

RAINER MARIA RILKE

Um zu verstehen, wer wir sind und wie wir uns verändern können, ist es wichtig, sich ein energetisches Bild von uns zu machen. Wir alle vibrieren in purer Energie und sind vibrierende Energie. Jede ihrer Frequenzen hat eine Information. Jede Energiefrequenz entspricht einer Klangfarbe in einem großen Konzert. Unsere Sprache drückt es schön aus, wenn sie

9 Rainer Maria Rilke, Briefe an einen jungen Dichter, S.21

von Stimmung und Verstimmung spricht. Die Verstimmung kann im Gemüt sein oder auch im Körper, wie eine Magenverstimmung. Das heißt, wir gehen gerade nicht harmonisch mit dem Ganzen mit. Normalerweise haben wir einen schönen Klang, eine schöne Farbe, die etwas Wunderbares zu dem Ganzen beiträgt. Jede Farbe im Gesamtbild ist wichtig, jeder Klang im Konzert wird gebraucht. Übrigens auch an manchen Stellen die Disharmonien, um Spannung zu erzeugen.

Wir selbst sind ebensolche Gesamtkunstwerke, jeder Einzelne für sich. Jeder Gedanke erzeugt eine Frequenz, jedes Gefühl löst eine Farbe, eine Schwingung aus. Das, was wir im Außen wahrnehmen, ist in uns. Wir lassen diese Information durch unsere Sinne in unser System und ordnen sie darin ein, interpretieren sie, leiten sie durch unsere Filter, unsere Resonanzen und färben sie eventuell sogar mithilfe eines eigenen Programms um. Manches erreicht uns nicht, weil wir keine Resonanz dafür haben. Wir nehmen es nicht auf. Unser Empfang ist anders eingestellt. Wie bei einem alten Radio, an dessen Rad man zur Feineinstellung des Empfangs der Sender drehen konnte. Die Musiksendung, die Information ist da, doch der Empfang stimmt nicht und so wird nichts wahrgenommen. Gleichzeitig sind wir auch Sender und senden pausenlos, ob wir wollen oder nicht. Wir vibrieren vor uns hin. Jeder, der die gleiche Frequenz hat wie wir, kann sich auf uns einstellen und unsere Informationen wahrnehmen. Da, wo viele Menschen ihre Sender gleich eingestellt haben, kann es sehr massiv werden. Stellen wir uns eine riesige Menschenansammlung vor, die alle das gleiche Gefühl erzeugen. Man weiß, marschierende Soldaten im Gleichschritt können eine Brücke, über die sie so marschieren, zum Einstürzen bringen. Das ist ein starkes Bild für die gemeinsame Massenemotion, die solch enorme Kräfte entwickeln kann, dass sie einen Schutzwall durchbrechen und zu Massenpanik (Flucht) oder Krawall (Angriff) führen kann.

Da sich das gemeinsame Informationsfeld verstärkt, ist es auch immer leichter, in Gruppen zu meditieren oder in spirituelle Prozesse einzusteigen, als es einzeln und allein zu tun, weil sich auch das Licht in uns gegenseitig verstärkt, wenn wir in einem gemeinsamen lichtvollen Feld weilen.

Unsere lebendige Vibration erhöht sich, wenn wir entsprechende Gedanken und Gefühle haben. Die höchste Schwingung ist Liebe. Damit ist keine Verliebtheit oder ein süßliches Gefühl gemeint, sondern ein Sein.

In seiner reinen, klarsten Form erscheint es in dem Numinosum, das wir Gott nennen, das viele Namen hat (Tao, Allah, Brahman, Jahwe, Hu) und doch unbeschreiblich bleibt. Daher ist es immer auch mit einem Bilderverbot – „Du sollst dir kein Bildnis machen von deinem Gott" im Christentum, „Das aussagbare Tao ist nicht das ewige Tao." (Laotse) – verbunden. Das ist sinnvoll, wenn wir uns vergegenwärtigen, dass es das höchste Sein überhaupt ist, das keinen Körper hat und in dem doch alles enthalten ist. Wir können mit unserem Bewusstsein, das aus der Quelle kommt, nicht die Quelle selbst beschreiben.

Über unsere Energiezentren, die man im Yoga Chakras nennt, nehmen wir diese Energie in einer für uns individuell abgeschwächten Form auf. Die göttliche Kraft ist wie eine Starkstromleitung, die wir nicht, ohne zu verbrennen, berühren können. So wird die Energie herabgefahren durch eine individuelle Drehbewegung und Schwingung der Zentren. Diese Bewegungen werden für unser Bewusstsein zum Beispiel als farbiges Licht übersetzt. Je nach Wellenlänge der Schwingung ist eine langsamere Bewegung rot, eine schnellere blau. Es gibt mehrere Lehrsysteme, die unterschiedlichen Beschreibungen, also „Übersetzungen" folgen. Das bei uns am meisten Verbreitete ist jenes, welches vom ersten zum siebten Chakra den Farben des Regenbogens folgt: Rot, Orange, Gelb, Grün, Türkis, Blau, Violett/Weiß.

Je offener, klarer und liebevoller unser eigenes Bewusstsein vibriert, desto höher schwingt die Frequenz der Energie, die in uns einströmen kann. Von sehr dunklen Farbtönen, die schwarz anmuten, über das gesamte Regenbogenlicht und Zwischentöne erstrahlt es schließlich weiß. Weiß, das wissen wir aus der Farbenlehre, enthält alle anderen Farben. Genau das ist die göttliche Liebe, die alles enthält.

Sind wir auf diesem Level, weisen wir nichts mehr zurück, nehmen alles liebevoll, einmütig an. Wir sind in Einklang mit allem. Damit ist kein ewig aufgesetztes „Ja-Sagen" gemeint oder ein immerwährendes Lächeln. Es ist ein Bewusstsein, das still geworden ist und das Andere nicht be- oder gar verurteilt, sondern in ihm das göttliche Licht erkennt. Dann können wir aus der Tiefe des Seins leben. Erkennen wir im Gegenüber Mangel an Licht, entwickeln wir dafür Mitgefühl, denn wir wissen um das Leid, das dadurch entsteht.

Die energetische Grundausstattung der Menschen führt zu unterschiedlichen Wahrnehmungen und Interpretationen dessen, was ist, je nachdem, auf welcher Ebene sie sich bewegen. Praktisch heißt das, dass eine kreative Lösung für ein Problem solange nicht erkannt wird, bis die nächsthöhere Ebene betreten wird. Dabei können uns Meditation, achtsame Atmung, Akzeptanz und Beurteilungsfreiheit helfen. Beurteilungsfreiheit heißt nicht, dass wir unser Unterscheidungsvermögen einbüßen. Es heißt vielmehr, dass wir sehr klar erkennen, ohne ein Urteil über jemanden zu fällen.

Der Aufstieg durch die Ebenen des Bewusstseins

Wir beginnen unsere Reise in dieser Welt mit der Notwendigkeit, „Ja" zu unserer Existenz in dieser physischen Welt zu sagen. Das ist die Ebene des ersten Chakras. Es ist gar nicht so einfach, wie es sich anhört. Manche Menschen sagen ihr ganzes Leben lang nicht „Ja" zu ihrem Leben in dieser materiellen Welt, sondern hadern mit ihm. Erfolgt dieses wichtige „Ja", das Einverstandensein, das ganz und gar Annehmen, nicht, ist der Aufstieg sehr schwierig. Denn uns fehlen dann die Wurzeln für unseren Halt. Wenn die Stürme des Lebens losbrechen, haut es uns schneller um. Ein großer Baum braucht starke Wurzeln, so brauchen auch wir starke Wurzeln, um hoch hinaufsteigen zu können mit unserem Bewusstsein. Zunächst geht es um den Körper, alles Feste, dann um Ordnung und Struktur, Geborgenheit und auch um Familie und Sippe und ihre Gesetze. Das ist die Basis für uns. Wir errichten dort wie Bergsteiger unser Basislager. Wir können uns immer dorthin zurückziehen, um aufzutanken.

Verbunden sind hiermit Themen der existentiellen Ängste und Angst vor dem Tod, der Verlassenheit und dem Chaos.

Alle weiteren nun folgenden Ebenen sind ebenfalls Zwischenlager. Sie existieren alle gleichzeitig, müssen aber von uns erkannt, verwirklicht werden. Wir erfüllen sie mit unserem Leben, mit unserem Bewusstsein.

Haben wir diese erste Ebene gemeistert, damit Stabilität und Struktur gewonnen, schreiten wir voran zur Zweiten und gehen über uns selbst hinaus in Beziehung zur Außenwelt. Wir beginnen zu gestalten. Wir gestalten Materie und Beziehungen. Dazu dient uns unsere sexuelle Energie, Kreativität und alles, was fließt. Kommunikation beginnt zu fließen.

Wir gehen so über das Basislager hinaus, schauen, wer mit uns gemeinsam aufsteigen will. Dabei begleiten uns Themen der Kontrolle, Ehre, Moral und Sexualität. Aber auch die entsprechenden Ängste können auftauchen, nämlich die eigene Kraft, die Kontrolle oder gar sich selbst zu verlieren.

Die Ebene des dritten Chakras bringt dann vorläufig eine Antwort, indem sie uns zeigt, was gut ist für uns, was wir von außen annehmen können, um es zu verdauen und zu unserem Eigenen zu machen. Wir entwickeln eine Sicht auf und Konzepte über die Welt und uns. Wir werden von der materiellen in die geistige Welt geführt. Wir verwerten, nehmen an und weisen zurück. Unterscheiden und Verdauen sind hier Themen. Deutlich zeigen sich Macht- und Ohnmachtsgefühle und Funktionen des Willens. Wir lernen, verantwortungsvolle Entscheidungen zu treffen, wir erleben persönliche Macht und die Fähigkeit, unser Leben zu gestalten. Motivation und Antriebskraft bereichern uns, die zweifellos für den Aufstieg wichtig sind. Wir lernen und entfalten Vertrauen. Wir erkennen uns in Selbstachtung.

Hier spüren wir Ängste zu versagen, vor Kritik und davor, zurückgewiesen zu werden.

Haben wir auf dieser Ebene alles gemeistert, geht es höher hinauf auf die Ebene, auf der wir atmen, was unabdingbar zum Leben gehört und wodurch Heilkraft erwächst. Wir erkennen Brücken zwischen Innen und Außen, den anderen und uns selbst, zwischen dem Hier und dem Universum, zwischen Materie und Geist. Durch diese realisierten Brücken geht der Aufstieg ab hier wesentlich leichter. Es finden Wunder statt, wir erfahren Mysterien. Wir sind im Herzen, dem vierten Chakra, angekommen. Wir durchschreiten Themen von Liebe und alle Erscheinungen des Mangels an Liebe, Hoffnung, Mitgefühl, Vertrauen und Bindung. Wir gelangen zu der Erkenntnis, dass Liebe heilt. Wir gehen Herzensbindungen ein und erfahren Gemeinschaft, Verbundenheit, Vergebung und Süße.

Kehren wir diese Erfahrungen um, sehen wir den Mangel, der auf dieser Ebene leidvoll erfahren werden kann. Eine tiefe Angst, nicht geliebt zu werden und auch die Angst und Erfahrung, nicht lieben zu können.

Man könnte meinen, wir hätten es geschafft, doch es geht noch höher zum fünften Chakra hinauf. Wir gelangen auf eine Ebene, auf der wir in klaren Kontakt mit unserer Seele treten und unsere Kommunikation sich weitet in den geistigen Bereich. Wir beginnen zu wissen, erkennen tiefe Wahrheit, unsere Intuition ist aktiv. Andere geistige Wesen treten mit uns auf dieser Stufe der geistigen Kommunikation in Kontakt. Wir antworten unserer Seele, ob ihre Impulse in unser Leben einströmen dürfen und wir sie verantwortungs- und liebevoll umsetzen in Wort und Tat oder ob wir ihre Impulse zurückschicken in die geistige Welt. Dann verfällt der Impuls, die

Möglichkeit kann sich nicht in der materiellen Welt gestalten. Wir sind auf der Ebene des Kehlchakras.

Hier können wir Ängste erleben, den Impulsen der geistigen Welt, auch der eignen Seele, zu folgen und stattdessen persönliche Gestaltungsmöglichkeiten des Lebens und höhere Wahrheit zurückweisen.

Die nächste Station machen wir im sechsten Chakra, in dem wir alles, was wir bisher gelernt und erfahren haben, zu einer großen Symphonie vereinen. Wir sind jenseits von Raum und Zeit angekommen und Verwirklichung und Wunder geschehen hier sowie geistige Schau und die Verwirklichung des Selbst. Von hier aus strömen die Impulse der Seele in unser Sein. Hier gehen wir aus der Einheit in die Dualität.

Die Verleugnung dieser Ebene und ihrer Phänomene führt zu Ängsten vor Innenschau, Ängsten vor den eigenen Schatten und der Unfähigkeit, zu höherer Erkenntnis zu gelangen.

Es zieht uns noch höher hinauf, in das Kronenchakra, auf den Gipfel, auf dem Stille herrscht. Wir können das, was wir sehen und erleben, nicht wirklich in Worte fassen. Entzücken ergreift uns, eine unbeschreibliche Freude, und uns offenbaren sich der Sinn des Lebens, transzendentes Gewahrsein und All-Ein-Sein, die doch ein Geheimnis bleiben, weil sie sich unserer Sprache entziehen. Stille Meditation mag der Pfad dorthin sein.

Hier zeigt sich die Blockade als Angst vor Verlust der eigenen Identität, der Auflösung des eigenen Seins und einer Angst, spirituell verlassen zu sein. Angst, den Weg nie wieder hinunter zu finden. Nie wieder mit Menschen im Basislager zusammen sein zu können, vielleicht hier oben gleichsam einsam zu erfrieren.

Jeder von uns trägt diese Ebenen in sich, hat aber die Wahl, sie nacheinander zu betreten oder auf einer Ebene zu bleiben. Üblicherweise durchschreiten wir diese Stufen nach und nach. Manchmal kann es geschehen, dass Ebenen übersprungen werden, beispielsweise, wenn starke äußere Erfahrungen einwirken. Dann können sich spirituelle Krisen zeigen, weil das Erfahrene nicht integriert werden kann. Die hohe Energie kann dann unseren Nervenbahnen schaden. Wenn wir krisenfrei Ebenen überspringen, haben vielleicht nur andere Menschen Schwierigkeiten, uns einzuordnen und zu verstehen.

Die meisten Menschen tragen eine Sehnsucht in sich, die sie auf den Weg ihres Seins zum Gipfel hinaufzieht.

All diese Ebenen sind schon da. Wir selbst sind diese Ebenen gleichsam, so wie wir unsere Chakras sind. Jedoch ist es so, dass man ja von aktiven Chakras spricht oder von Blockaden, die sich dort befinden. Und so ist es auch mit den Ebenen unseres Seins. Sie sind aktiv durch unsere Bewusstseinsaktivität. Und diese Ebenen werden zu unseren tiefsten Überzeugungen, zu dem, wie wir die Welt sehen. Deshalb sind die Belehrungen im wahrsten Sinne „von oben herab" aus einem höheren Chakra gesprochen zu einem niederen zwar vielleicht Anregung, was voran helfen kann, doch bleiben sie nicht nachvollziehbar und werden oft aus Unkenntnis abgelehnt. Besser ist es Mitgefühl zu entwickeln für die noch zu bearbeitenden, zu durchleidenden Themen, die sich auf den jeweiligen Ebenen zeigen können. Dann kommen die Worte des höheren Wissens nicht mehr von oben herab, sondern strömen von Herz zu Herz und werden gerne angenommen.

Ist ein Mensch nun auf einer ganz bestimmten Bewusstseinsebene, so hat er eine ganz bestimmte, der Ebene entsprechende, Sicht von der Welt, dem Leben und seinen Mitmenschen. Er hat mit ganz bestimmten Gefühlen und Gedanken zu tun, die dieser Ebene entsprechen. Herr Prof. Dr. David Hawkins hat mit Hilfe kinesiologischer Tests herausgefunden, dass auf einer Skala des Bewusstseins von 1 bis 1000 ganz bestimmte Gefühle und Gedanken zu bestimmten Bewusstseinsebenen gehören.

Nun hat ein Mensch aber nicht nur seine aktuelle Ebene zu seiner Verfügung, sondern kann auch alle anderen Ebenen besuchen und auf deren Instrumentarien an Gedanken und Gefühlen spielen, die seinem aktuellen Bewusstseinsstand gar nicht mehr entsprechen. Oft geschieht das sehr plötzlich, wenn man an Altes erinnert wird und unbewusste Mechanismen nach einem greifen. Man spürt es selbst, nämlich dann, wenn man sich plötzlich dumpfer fühlt als zuvor. Die dann aufsteigenden Gedanken und Gefühle können sehr unheilvoll sein. Klassische spirituelle Schulen empfehlen in solchen Situationen das Rezitieren eines Mantras oder das Wiederholen eines Namen Gottes, um sich auf einem liebevolleren und förderlicheren Niveau zu stabilisieren.

Genauso plötzlich kann ein Mensch auf eine höhere Ebene katapultiert werden. Dann, wenn ein Ereignis ihn sehr weit öffnet oder in eine lebensbedrohliche Situation bringt. Unsere Seele zeigt sich dann lichtvoller, wie ein Schutzschild, eine Verheißung. Meistens können diese Ebenen jedoch nicht gewahrt werden. Sie bleiben aber als Erinnerung, eine Sehnsucht, die in das Zukünftige zieht.

Das Leben versucht uns auf Entwicklungsmöglichkeiten aufmerksam zu machen, indem wir den Frequenzen unserer Chakras gemäß, das heißt unseren Einstellungen und Grundüberzeugungen entsprechend, auf Widerstände stoßen, immer und immer wieder, bis wir lernen. Wenn wir uns dem Leben gegenüber wieder anvertrauen und öffnen, unsere Widerstände aufgeben, dann können wir einen Schritt weitergehen. Wir transformieren und heilen unsere alten Wunden und erzeugen so einen neuen Blickwinkel. Wir durchschreiten die Ebene, die den Themen entspricht, bis wir gelernt haben. Dann ist alles transformiert und geheilt und wir kommen auf die nächste Ebene. Zuweilen schenkt uns Gnade ein Weiterkommen. Dann geht es oft, wie mit einem Hüpfer, ganz schnell voran.

Unsere Resonanz erleben wir auch in unseren Beziehungen zu anderen Menschen deutlich wieder. Sympathie bedeutet ein gemeinsames Schwingen, eine Verstärkung der eigenen Resonanz, was sich kräftigend, unterstützend, angenehm, wie beflügelnd anfühlt. Empathie des Herzens wirkt ebenso. Dabei können sogar bei den sich begegnenden Menschen unterschiedliche Ebenen bestehen, wichtig ist, dass einer von beiden von der Ebene des Herzens, der Liebe aus verstehend, mitfühlend, empathisch, reagiert. Dadurch wird die Schwingung des Anderen etwas angehoben, was heilsam wirken kann. Bleibt das Gegenüber in einer offenen Haltung und lässt diese liebevolle Kraft durch sich hindurchfließen, ohne in die Vorstellung zu gehen, er gebe Kraft von sich, die dann vorstellungsbedingt weniger wird, bleibt es für beide eine förderliche Erfahrung. Ich pflege gerne in solchen Situationen zu sagen: „Etwas goldener Sternenstaub bleibt beim Hindurchströmen auch an mir hängen."

Bei Antipathie erleben wir eine Art energetische Abstoßung, weil ein anderer ein Schwingungsmuster ausstrahlt, dass nicht mit dem Unsrigen harmonisch vibriert, was sehr aktivierend wirken kann, weil wir zum Beispiel Adrenalin produzieren. Es kann allerdings auch schmerzhaft sein.

In Liebesbeziehungen und tiefen Freundschaften kreieren wir eine gemeinsame Schwingung, die dem gemeinsamen Schwimmen der Delfine in den Meereswellen vergleichbar ist. Dadurch synchronisieren wir unsere Energien. Wir fühlen uns wohl und werden stärker.

Wir leben permanent in einem großen Pool der Energie. Energien der unterschiedlichsten Menschen überschneiden und überlagern oder verstärken sich. Jede Frequenz hat ihren Ursprung in der göttlichen Quelle. Wie ein Lichtstrahl, der von der Sonne ausgeht, vibrieren wir als kleine Wellen in dem großen Ozean der Energie.

Erkennen wir, dass wir mit unserer Kraft der Seele untrennbar mit der Quelle verbunden sind, dass wir als Welle der Qualität nach auch der Ozean sind, als Strahl auch wie die Sonne leuchten, dann beginnen wir zu verstehen, dass es um die Durchlichtung allen Seins geht. Menschliches Bewusstsein trägt diese Erkenntnis in die Materie hinein. Anders gesagt, um die göttliche Kraft in allem, was ist, zu bezeugen, braucht es das menschliche Bewusstsein. Deshalb steigt die menschliche Seele in die Materie ein. Sie folgt ihrem Seelenplan, die physische Welt zu durchlichten, indem sie nach und nach die Bewusstwerdung vom göttlichen Sein in allem, was ist, realisiert. Die menschliche Seele steigt in die Materie ein, um sie zu durchlichten, was bedeutet, das Bewusstwerden vom göttlichen Sein in allem zu erkennen. Um selbst in die Materie zu gelangen, den größtmöglichen Abstand zum reinen göttlichen Sein zu wagen, legt sich die Seele auf ihrem Weg zur Inkarnation Gefühle und Gedanken an, die ihrer Lichtresonanz, ihrer Schwingung entsprechen. Dann kleidet sie sich mit einem physischen Körper und beginnt den Weg der Bewusstwerdung, die Reise zurück zum Ursprung in das Licht der Einheit Gottes. Bei jedem Schritt lässt sie Bewusstsein wie einen energetischen Fußabdruck zurück. Diesen Spuren können dann andere leichter folgen, die eine solche oder sehr ähnliche Resonanz haben. Es geht also nie jemand seinen Weg nur für sich alleine, denn andere haben daran teil. So sammelt die Seele Erfahrungen und Erkenntnisse und öffnet sich in der physischen materiellen Welt immer mehr für sich selbst, dem Licht Gottes.

Als Menschen in unseren Körpern erkennen wir nicht unbedingt, dass die Seele immer ungeboren, unverletzt, gesund, ganz, vollkommen und unzerstörbar ist. Sie ist das Licht, das vom göttlichen Zentrum ausgeht. Das bedeutet für uns, dass wir das, was wir in Not und Krankheit, Leiden und Tod brauchen, bereits in uns tragen. Manchmal brauchen wir einen Vermittler, der uns daran erinnert. Diese Vermittler sind Menschen, die uns spirituell und menschlich und im Sinne der Heilung und Ganzwerdung auf unterschiedlichen Ebenen berühren. So ist wahrscheinlich dieser menschliche

Zustand, in dieser Welt zu sein aber nicht von dieser Welt zu sein, einerseits das Dilemma und andererseits die große Chance.

Das Ego und die Seele

„Der Körper ist der Übersetzer der Seele ins Sichtbare."

CHRISTIAN MORGENSTERN

Der Zugang zu unserem eigenen lichtvollen Sein ist manchmal wie von Tüchern, die sich darübergelegt haben, verhüllt. Das, was uns als Hindernis auf dem Weg zur Seele erscheint, sind unsere Gedanken, Gefühle, unser Gemüt und nicht zuletzt unser physischer Körper. Manchmal fasst man dies in dem Ausdruck Ego zusammen. Das Ego erlebt sich eigenständig, getrennt von Gott und allen anderen Wesen. Es identifiziert sich mit dem Körper und den an den Körper gebundenen sinnlichen Wahrnehmungen, dem Intellekt und die Emotionen, die von Raum- und Zeitstrukturen abhängen. Diese Identifikationen sind also alle an den Körper gebunden. In dieser Beschränkung entsteht eine geradlinige Vorstellung von Ursache und Wirkung des Lebens und seiner Prozesse, die ja auch ganz anders verlaufen können, sowie niedrigen Emotionen wie Schuld, Scham, Besitzdenken, Vorstellungen, Gedanken und Gefühle, die sich nur um das kleine Ich drehen. Aus all dem entsteht Leid. Dieses Leid löst sich, wenn wir erkennen, dass wir mehr sind als das.

Die letztendliche Ursache liegt immer im Numinosen, in Gott. Und es ist jederzeit möglich, dass lichtvolle geistige Wesen helfend eingreifen, sodass Gnade wirkt und unsere Vorstellungen von Kausalität durchbrochen werden. Zudem ist unsere Seele, also unsere Essenz aber in einem raumlosen Raum, in zeitloser Zeit, wo es solch eine Linearität oder Ursache und Wirkung nicht geben kann, sondern alles entelechisch, vom Ziel her, das heißt vom Sinn her oder auch sinnvoll, geschieht. Subtiles, wie Liebe und die Seele, kann Akausalitäten folgen. Deshalb bezieht sich Karma immer auf feinstoffliches und stoffliches Sein. Es sind Gefühle und Gedanken, die nicht in Liebe erlöst werden konnten. In Liebe erlöst werden bedeutet hier, in das ursprüngliche Sein, das nie von Gott getrennt ist, zu kommen. Dieses Sein ist Liebe. Damit ist keine Verliebtheit, kein Verlangen, keine Leidenschaft gemeint. Denn diese sind Aspekte des Egos. Es ist ein Zustand des Ungetrenntseins. Ein Zustand, in dem wir wahrnehmen, dass alles vom gleichen Licht ist, alles einen Ursprung hat. Es ist die gleiche grundlegende Vibration, die in allem ist.

Folgen wir dieser Einsicht, dann verstehen wir, warum in tiefem Kontakt mit unserer Seele und der Liebe zum Beispiel Heilungen möglich sind, die aus streng materialistischer Sicht nicht möglich sein könnten. Wir nennen diese Heilungen dann Spontanheilung oder, je nach Sicht des Geschehens, Wunder. Es gibt in unserer Sprache den schönen Begriff Gnade. Doch was ist Gnade? Bezeichnen wir damit ein Geschehen, das wir materialistisch und streng kausal nicht erklären können? Oder ist Gnade ein starker, lichtvoller Impuls aus der Ebene der Seele und der damit verbundenen Ebene des Göttlichen, des Numinosen?

In einer Öffnung für diese Ebene wachsen unsere Fähigkeiten, mit denen wir hellsehen, hellhören und hellfühlen sowie hellwissen können. Mit diesen sensitiven Fähigkeiten können wir geistige Ebenen wahrnehmen. Diese Wahrnehmungen brauchen Schulungen, damit sie richtig verstanden und gedeutet werden können und die eigene Sicherheit einen in der Öffnung schützt.

Der Seelenweg

„Deine Seele nährt sich vom Sinn der Dinge, nicht von den Dingen selbst."

Antoine de Saint-Exupéry

Eine weitere interessante Frage ist, warum wir nicht in der Einheit Gottes bleiben. Meister Eckhart sagt es so: „Wenn die Seele etwas erfahren möchte, dann wirft sie ein Bild der Erfahrung vor sich nach außen und tritt in ihr eigenes Bild ein."

Welch eine kraftvolle Aussage! Meister Eckhart sagt hier also, die Seele will etwas erfahren. Sie entwickelt zu dieser gewünschten Erfahrung ein Bild, ein Szenario. Nun nimmt sie dieses entworfene Bild aus dem Ganzen der Seele selbst und wirft es nach außen. Das ist der erste schöpferische Akt, der aus der Ganzheit der Seele etwas von ihr nach außen katapultiert. Man könnte diesen Teil der Seele auch den Seelenplan nennen. Und nun geht sie in diese Erfahrung, in das entworfene Szenario hinein. Sie inkarniert in diese Erfahrung.

Diese Aussage Meister Eckharts zeigt noch einmal die letztendliche Unmöglichkeit von Kausalität auf der Ebene der

Seele. Seine Worte verweisen auf die Entelechie. Der Begriff wurde von Aristoteles in der Metaphysik IX, 8 eingeführt. Damit ist die Form gemeint, die sich im Stoff verwirklicht, eine Kraft, die im Organismus selbst liegt und ihm hilft, sich zu vollenden. Da ist also eine Kraft, die mich in meine Entwicklung hineinzieht. Auf der Ebene der vorübergehenden Persönlichkeit erfahre ich nicht unbedingt, ja sogar meistens nicht, dass es mein eigener Seelenplan ist, den ich da an Erfahrungen mache. Die meisten würden sagen: „Nein, das habe ich nicht gewollt, dass ich dieses grausame oder jenes leidvolle Schicksal erfahre. Ich wäre ja schön dumm, so etwas auszusuchen."

Jetzt kommt das Karma mit ins Spiel. Die Seele sammelt alle Erfahrungen, die wir als vorübergehende Persönlichkeiten machen. Daraus entsteht eine Art Muster, in dem deutlich wird, wo in der Materie, in einer menschlichen Inkarnation noch etwas Wichtiges gelernt werden kann, um das Selbst zu verwirklichen. Wie kann noch mehr in Liebe erlöst werden, ist die Frage. Demgemäß wählt die Seele aus und entwirft den Seelenweg für den Menschen. Nie inkarniert die gesamte göttliche Seele, sondern Aspekte ihrer selbst und zwar die, die gebraucht werden, um dieses Leben mit allen Höhen und Tiefen, den Herausforderungen und Lernaufgaben zu meistern. Es besteht aber eine ständige Verbindung zu der gesamten Seele, bewusst oder unbewusst. Wichtig sind außerdem karmische Lösungsaufgaben. Das sind „Eckpfeiler" des Lebens, die unbedingt gemeistert werden wollen. Zu dieser Ausstattung gehören glücklicherweise auch karmische Begabungen und besondere Potenziale, die wie Wegmarken den Pfad markieren. Diese besonderen Begabungen oder

Potenziale ziehen uns später in unsere Zukunft. Wir wollen zum Beispiel unbedingt etwas lernen, ein Instrument, eine Sprache, ein Handwerk, was uns dann auf unserem Weg der Verwirklichung helfen wird. Es gibt auch Absprachen mit anderen Seelen, die zur gleichen Zeit inkarnieren und mit denen wir verabredet sind, weil wir uns liebevoll unterstützen und fördern wollen oder weil wir in einem anderen Leben etwas noch nicht geschafft haben und nun wieder dazu bereit sind, die Herausforderung gemeinsam anzunehmen in der Zuversicht, es in Liebe zu lösen.

Außerdem gibt es Karma von Gruppen, großen und kleinen, wie Familien, Ehepaaren und Gemeinschaften und ganzer Nationen bis hin zu dem Weltgeschehen dieser Zeit auf Erden. Vorstellbar ist das wie Wellen, die sich überschneiden, unterstützen, verstärken oder abschwächen.

Wir bekommen immer alle Kräfte und Potenziale, Begabungen und Eigenschaften als Hilfen mit auf den Weg, um die Aufgaben zu meistern.

Und jede Seele, die bereit ist, auf Erden zu inkarnieren, wird ausgestattet mit dem freien Willen. Ist das nicht ein Widerspruch zu den oben beschriebenen karmischen Bedingungen? Nein, denn das menschliche Leben ist wie eine Heldenreise auf Zeit. Auf dieser Reise sind unsere Entscheidungen gefragt und unser Mut wird gefordert. Unser Denken und Fühlen wird eingesetzt in der Tat. Bestenfalls dient das Ego der Seele. In größtmöglicher Entfernung zum göttlichen Ursprung sind wir Träger des Bewusstseins in der Materie. Wir bringen durch Bewusstsein gleichsam das Licht in die Dunkelheit. Dabei kann der freie Wille zu einem Werkzeug des Egos für eigene und vielleicht sogar nicht integre Zwecke verkommen und das Leiden vergrößern oder ausgerichtet bleiben auf die Anziehungskraft der Seele und das göttliche Licht und so Befreiung bringen. Eingebettet und durchdrungen ist dieses Geschehen in das Alles-was-ist.

Durch unsere Bewusstseinsentwicklung in Richtung Liebe setzt Evolution ein, eine Schöpfung in immer feiner werdendem Ausdruck. Wir sind also Mit-Schöpfer.

An Haustieren kann man beobachten, dass sie durch liebevolle Zuwendung, Pflege und Treue eine Entwicklung durchlaufen hin zu mehr Differenzierung. Sie lernen bis hin zu emotionalen Äußerungen der Liebe und der hohen Abstraktion, dass man, gleichgültig wie lange man sich entfernt, gewiss wiederkommen wird. Sie setzen sich nah an ihre Menschen, wenn diese leiden; sie äußern also Mitgefühl. Und jeder, der Haustiere hat, wird dazu Geschichten erzählen können.

Wie viel stärker erleben wir das mit Menschen. Es gibt ganze Lehrsysteme, die sich mit Entwicklungspsychologie beschäftigen, um zu verstehen, was sich im Menschen vollzieht, wenn er seine Erfahrungen sammelt. Unser liebevolles Verhalten zu anderen Menschen lässt in uns und dem Anderen größere Differenzierung und stärkere Entwicklung zu. Das Gegenteil, der Mangel an Liebe, erzeugt Grobheit und Blockaden in uns und anderen.

Die Evolution ist ein kontinuierlicher Aufstieg. Jedes Leben dient der Bewusstwerdung. Es dient der individuellen und der kollektiven Bewusstwerdung. Uns durchfließen elektrische und magnetische Kräfte. Diese Kräfte bauen ein Feld um uns herum auf. Mehrere Felder verbinden sich zu größeren Feldern, die sich dynamisch ausbreiten. „Die

Lebenskraft ist nicht im Menschen eingeschlossen, sondern umstrahlt ihn wie eine leuchtende Kugel und kann in die Ferne wirken. In diesen halbstofflichen Strahlen kann die Vorstellungskraft eines Menschen gesunde oder krankmachende Wirkungen hervorrufen.“ (Philippus Aureolus Paracelsus). Sheldrake nennt sie „morphogenetische oder morphische Felder“. David Hawkins benutzt den Begriff „Attraktorfeld“ zur Beschreibung von Feldenergien, die einerseits durch menschliches Bewusstsein erzeugt werden und andererseits gleichzeitig Bewusstseins- und Wahlmöglichkeiten darstellen.

Zugleich ist jedes Feld verbunden mit der göttlichen Quelle. Man kann sich die Unterschiede der Felder als einen Unterschied in ihrer Stärke vorstellen. Die Fähigkeit zur Wahrnehmung und Unterscheidung dieser Felder bildet sich durch schmerzhafte und leidvolle Erfahrungen, durch Bewusstseinsschulung, Sensibilität und reflektierte Erfahrung. Und vor allem durch Wachstum von Liebe und nicht zuletzt durch Gnade. Manche Menschen mit hoher Sensitivität können sie sehr leicht wahrnehmen.

Die Felder sind mit Inhalt und Kontext gefüllt. Das bedeutet auch, dass wir je nach dem, in welchem Feld wir uns bewegen, unterschiedlich denken und fühlen. Sie entsprechen immer unserer Bewusstseinsebene durch die Gesetze der Resonanz. Denn wir können nur immer das wahrnehmen, was wir bereits in uns aktiviert haben. Ist das Feld aufgebaut, zeigen sich entsprechende Inhalte und feldspezifische Phänomene. Ist der Schüler soweit, erscheint der Lehrer. Steht die Sonne hoch genug, keimt die Saat.

Die Werkzeuge, mit denen wir uns Felder erschließen, sind Denken, Fühlen, die Intuition, Empfinden und Stille.

Am vertrautesten ist uns Menschen in unserem Alltagsbewusstsein das Denken. Es ist jedoch sehr begrenzt. Häufig dreht es sich auch um ein Feld, in dem Begrenztheit dominiert. Ein Feld, in dem es also um körperliche, materielle und psychische Angelegenheiten, um Getrenntheit geht. Das heißt, wir sind getrennt von allen anderen und daraus entstehen entsprechende Leiden. Hier werden Gefühle oftmals unterschätzt und sind auf das Ego bezogen. Wir können unser Denken fördern, indem wir wahrhaftig sind und etwas in einer demütigen Haltung konsequent durchdenken. Das Gleiche gilt auch für unsere Gefühle. Aufrichtigkeit und Tiefe fördern lichtvolle Gefühle. Die Bereitschaft, neue Denk- und Gefühlsinhalte zuzulassen, ist sehr lohnenswert.

Umfassender arbeitet die Intuition. Wir können sie fördern, indem wir Vertrauen in etwas Größeres, als wir selbst es sind, entwickeln. Dann öffnet sich für uns ein Feld, in dem wir die Unbegrenztheit und Verbundenheit unseres Seins erkennen. Durch unsere Intuition sind wir mit dem unendlichen Meer der Möglichkeiten verbunden. Wir erkennen Potenziale. Unsere Gefühle sind jetzt bewusster und liebevoller und unser Vertrauen in das Sein wächst.

Noch etwas weiter kommen wir in ein Wissend-Sein. Wir erleben Geistesblitze und erkennen Synchronizitäten. Synchronizität bedeutet nach C. G. Jung akausale Ereignisse, die wir als kausal wahrnehmen und aufeinander beziehen. Es ist ein inneres Ereignis, so etwas wie ein lebhafter Traum, ein starkes Gefühl, eine aufwühlende Idee, das als äußeres Phänomen, als äußere Spiegelung des Inneren auftritt. Jung selbst führt dazu in seiner Biographie ein Beispiel aus seiner Praxis an. Darin erzählt er von einer Patientin, die von einem

Traum berichtete und zwar von einem ganz entscheidenden Moment darin. In diesem Traum kam ein goldener Skarabäus vor. In diesem Augenblick ihrer Erzählung pochte ein Insekt gegen die Fensterscheibe. Beim Öffnen des Fensters flog das Insekt herein. Es war eine dem Skarabäus in unseren Breiten ähnliche Art, ein Rosenkäfer. Eigentlich fliegen Rosenkäfer nicht in dunkle Räume. Dieser tat es in diesem Augenblick. Das führte dazu, dass die Patientin sehr tiefe Zusammenhänge des psychischen Wirkens verstand und sich ihrer Therapie noch weiter erfolgreich öffnen konnte.[10]

Es folgt ein Feld großer kreativer Verwirklichung und Erkenntnis, ja Weisheit. Unsere Gefühle sind voller Liebe und Frieden.

Gefolgt wird dieses Feld von einer glückseligen Stille, aus der alle anderen Felder hervorgehen.

Die Verhaltensweisen des Menschen entwickeln sich beim Durchschreiten der immer stärker werdenden Felder, beispielsweise von ausnutzend zu wertschätzend, von neidisch zu anerkennend, von berechnend zu aufrichtig, von pflichtbewusst zu freiwillig, von ablehnend zu annehmend, von heftig zu harmonisch, von ausschließend zu einbeziehend.

Jeder Mensch ist von seinem Potenzial her mit diesen Feldern verbunden. Sein Bewusstsein schaltet sie gleichsam ein, je nachdem, wo sein Bewusstsein strahlt, wirft es ein Licht der Erkenntnis darauf. Die meisten Menschen identifizieren sich mit rationalem Denken und all dem, was es mit sich bringt. Sie bleiben darin gefangen. Denken an sich ist etwas Gutes, denn es ist ein wichtiges Werkzeug, um sich in dieser Welt zurechtzufinden. Es ist auch späterhin ein Werkzeug,

10 Vgl. C. G. Jung, Gesammelte Werke, Band 8, Seite 497

wenn es um sprachlichen Ausdruck geht. Soll ein Inhalt aus einer anderen Ebene in Sprache gekleidet werden, brauchen wir auch das Denken, seine Logik und seine Struktur, um für andere verständlich zu sein.

Das ist wohl auch ein Grund, warum viele Menschen nach Erfahrungen des Erwachens eine Weile schweigen. Manchen fällt es schwer, der alltäglichen Sprache zu folgen, weil sie zu eng zu sein scheint. Nach und nach gelingt es dann wieder. Bei David R. Hawkins hat es beispielsweise sieben Jahre gedauert, bis er nach seiner Erleuchtungserfahrung zurückgefunden hatte in die Sprache.

Die Sprache der Mystiker bedient sich deshalb der Bilder, um etwas zu vermitteln. Bilder sind vielschichtig und symbolisch, sprechen uns in unserer Tiefe an. Sie sind nicht geradlinig logisch wie unsere Sprache. Die Gleichnisreden Jesu sind die Bekanntesten in unserer Kultur. Sie deuten auf etwas hin, sie vermitteln mehr als die Worte sagen oder das Bild beschreiben können. Die bildhafte Sprache geht über reine Faktenvermittlung hinaus.

Auch im Taoismus, genauer bei Laotse wird gesagt: „Wer über das Tao spricht, kennt das Tao nicht.“[11] Das ist zweifelsfrei richtig. Und doch wissen wir Entscheidendes über das göttliche Sein: es ist anders, als wir es uns vorstellen und denken können. Und wir wissen noch etwas Entscheidendes: Es ist allgegenwärtig, ewig, es ist nicht durch Raum und Zeit begrenzt, also unbegrenzt. So ist dieses göttliche Sein auch mit uns, in uns, etwas von uns. Es scheint nichts zu geben, was es nicht ist. Und doch, immer, wenn wir danach greifen wollen, entzieht es sich uns. Oder wie es Meister Eckhart

11 Laotse, Tao Te King

ausgedrückt hat: „Das, was man sagt, dass Gott sei, das ist er nicht; was man nicht von ihm sagt, hat mehr Wahrheit als das, was man sagt, dass er sei.“[12]

Eine buddhistische Stimme sagt entsprechend: *„Der Zustand der direkten Erfahrung des Geistes jenseits aller Dualität führt zur Befreiung. Es ist gleich, welcher Name leichthin dafür gegeben wird. Der wahre Geist ist Eins und außer ihm gibt es nichts. Dieser einzige Eine Geist ist ungeschaffen und unbedingt. Nichts kann sonst erkannt werden.“*[13]

Was bedeutet das für uns?

Der Engel in dir

Verbunden mit seiner geistigen Heimat, der göttlichen All-Liebe, wandelt der Mensch in seinen Gefühlen und seinen Gedanken, seinem Empfinden und seiner Intuition in seinem physischen Körper durch die materielle Welt. Seine Seele, die unzertrennlich im Lichte Gottes strömt, gibt diesen Anteilen, die ihrerseits inkarniert sind, unentwegt Impulse, welche jedoch nicht immer aufgenommen werden. Je weniger die Seele in das menschliche Bewusstsein durchdringen kann, desto stärker wird die Identifikation mit der Materie. Es entstehen Angst, Not und Leid. Das Ziel des Menschen ist jedoch Liebe, Klarheit und Freiheit. Es geht darum, immer tiefer und höher in diese Qualitäten hineinzukommen.

12 Zitiert nach F. Pfeifer, 1857 in Erich Fromm, Gesamtausgabe, E-Book o.A.

13 *Padmasambhava* (8.-9. Jhd. n. Chr.), tibetisch-buddhistischer tantrischer Meister, Begründer und Botschafter des Buddhismus in Tibet zur Zeit des Königs Thrisong Detsen in Tibet, Quelle unbekannt.

Andererseits ist der physische Körper, die Raum-Zeit-Dimension, eine optimale Möglichkeit für eine Bewusstseinsentwicklung. Mit Hilfe des physischen Körpers können wir jederzeit Abstand zu unseren Gedanken und Gefühlen nehmen, denn wir sind ja in Raum und Zeit mit ihm. Wir können sie vor uns hinstellen und betrachten. So kommen wir zu Selbsterkenntnis und Selbst-Bewusstheit. Mehr und mehr verfeinern wir unser Bewusstsein und kommen so immer stärker in die Liebe.

Wir haben auf unserem Weg Hilfe. Neben liebevollen und wissenden Mitmenschen und verwirklichten Meistern stehen uns auch geistige Helfer zur Seite. Die Engel helfen uns gerne.

Auf diesem Weg der Entwicklung der Herzens-Qualitäten helfen uns Engel. Engel als Boten und Diener des göttlichen Lichtes und der göttlichen All-Liebe folgen den göttlichen Gesetzen und der göttlichen Liebe bedingungslos. Sie haben kein Ego. Sie diskutieren nicht, sie zweifeln nicht. Sie haben keinen Körper. Sie haben also auch keine phonetische Sprache. Sie schwingen in der Frequenz der Liebe und sind erstaunlich klar. Wie können wir dann mit ihnen kommunizieren?

Die Kommunikationskanäle

Es gibt drei Kanäle, über die Menschen Engel wahrnehmen und verstehen können. Je nach Begabung ist der Eine oder Andere stärker betont. Prinzipiell haben Menschen aber alle drei Möglichkeiten.

Hellsehen

Der erste Kanal ist der am häufigsten Genutzte, der visuelle Kanal. Über geistige Bilder sehen und verstehen wir die Botschaften der Engel. Jedes Detail, das sie uns zeigen, ist bedeutungsvoll. Erschließt sich uns die Bedeutung nicht sogleich, können wir sie direkt fragen: „Warum erscheinst du mir heute in dieser Farbe? Warum bewegst du deine Flügel so? Warum stehst du dort? Warum hältst du dies oder jenes in deinen Händen?“ Und so kann es weitergehen.

Hellfühlen

Beim Hellfühlen entstehen Empfindungen und Gefühle in uns, durch die wir spüren, dass ein Engel bei uns ist. Wir können spüren, wo er ist und seine Qualitäten berühren uns. Wir fühlen, was er will.

Hellwissen

Wenn wir über diesen Kanal die Engel wahrnehmen, werden wir über geistige Intuition und Gedankenblitze wissend. Dieses Wissen zeichnet sich durch eine sanfte aber sehr starke Kraft aus. Es ist wie eine unumstößliche strahlende Wahrhaftigkeit in uns.

Um diese Zugänge nutzen zu können, brauchen wir Ruhe. In der Hektik des Alltags Engel wahrzunehmen ist schwierig. Ruhe ist der erste Schritt. Der nächste Schritt ist die Aktivierung unserer Herzensqualitäten, nämlich **liebende Güte, Mitgefühl, sich mit jemandem freuen können und Gleichmut (Gelassenheit).** Den meisten Menschen gelingt das, wenn sie sanft und tief in ihr Herzchakra atmen und ihre Achtsamkeit dorthin lenken. Außerdem brauchen wir Klarheit. Unter dem Einfluss schwerer Medikamente oder unter Drogen und Alkohol wird die Wahrnehmung sehr leicht verstellt. Diese Mittel sind bei der Kontaktaufnahme des Menschen zu den Engeln tabu. Die Botschaften der Engel sind präzise und oftmals sehr kunstvoll und klar aufgebaut.

Wir übersetzen oder dolmetschen sie in unser Bewusstsein und in unsere logische menschliche Sprache. Deshalb ist jede durch einen Menschen weitergegebene Engelbotschaft immer getönt durch das Bewusstsein dieses jeweiligen Menschen. Ein Mensch kann nur das übersetzen, was in sein eigenes Bewusstsein reicht. Dazu braucht er Klarheit in seinen psychischen und geistigen Strukturen. Es ist eine kontinuierliche Gedanken- und Gefühls-Hygiene notwendig. Je weiter und offener entwickelt das Bewusstsein eines Menschen ist, desto feiner kann er seinen Kanal einstimmen und Engel verstehen und übersetzen.

Wichtige Instrumente sind gewiss für uns Menschen dabei Meditation und Gebet. Aber auch alle geistigen Heilmöglichkeiten, Homöopathie, die Heilkraft der Pflanzen, speziell der Kräuter, die Entstörungen von Elektrosmog und geomantischen Störungen, körperliche Bewegung, Atmen in frischer Luft, Verbundenheit mit der Natur, gesunde Ernährung und gutes Wasser können uns helfen, klar zu werden und zu bleiben.

Nicht zu unterschätzen ist, was wir in unserem Alltag von anderen Menschen so aufnehmen an Gedanken- und Gefühlsenergien, die uns belasten oder gar schädigen können. Diese Energien gehen von uns selbst aus oder wir nehmen sie durch andere auf, sobald wir irgendeine Resonanz dazu haben. Da ist es ratsam, sich in täglicher Hygiene zu üben und sich mit Hilfe der lichtvollen geistigen Welt von diesen Energien zu lösen. Gebete und Meditationen sind dazu gute Mittel.

Außerdem ist es irgendwann sinnvoll, achtsam mit den eigenen Gedanken umzugehen und zwar dann, wenn wir immer klarer werden und eine solche Klarheit erreicht haben, dass sich unsere Gedanken sehr schnell materialisieren. Es ist deshalb keineswegs einerlei, was wir denken. Je liebevoller, klarer und unabhängiger wir also bleiben, desto segensreicher für uns selbst und andere.

Engelbotschaft

Die Unterscheidungskraft zwischen einer Engelbotschaft und einer Phantasie wird gestärkt durch drei Qualitätsmerkmale. Das wohl Wichtigste ist das Verweilen im liebevollen Herzen. Solange ein liebevolles Gefühl im Herzchakra zu spüren ist, ist der Wahrnehmende auf der lichtvollen Seite. Nur in der Resonanz der Liebe können wir Engeln begegnen.

Des Weiteren ist es wichtig zu schauen, ob die Botschaften mit dem gesunden Menschenverstand übereinstimmen. Wenn sie versponnen sind, brauchen wir sie nicht anzunehmen. Engel sind sehr klar und wahrhaftig.

Und schließlich ist es sinnvoll zu überprüfen, ob ich das Wahrgenommene in meinem Alltag umsetzen kann. Dazu kann ich mir die Fragen stellen: Ist mir die Botschaft dienlich? Führt sie mich weiter? Befreit sie mich von Ungesundem?

Die Gegenkraft bei all dem ist die Angst. Deshalb ist es gut, um Führung zu bitten und zu versprechen, sie vertrauensvoll anzunehmen. Dann können wir mehr und mehr in unser Vertrauen hineinkommen. Das Leben selbst reagiert auf uns und unsere Chancen und Möglichkeiten zeigen sich. Das heißt, wir kommen vertrauensvoll auf unseren Weg und es ergeben sich Möglichkeiten, die wir zuvor nicht geahnt haben und gar nicht ahnen konnten. Das Feld mit seinen Möglichkeiten reagiert auf uns, wir erkennen sie und können sie realisieren, setzen sie in der physischen Welt um.

Um dies zu veranschaulichen, erzähle ich ein Beispiel aus meinem Leben. Als Frau Mitte dreißig hatte ich meine Erfahrungen mit Hatha Yoga und Meditation, hatte spirituelle Selbsterfahrungen in einer intensiven Gruppe gesammelt und stieß an Grenzen. Ich wusste nicht, wie es mit meiner Entwicklung weitergehen sollte. Ich hatte keine Ahnung, wohin ich mich wenden sollte, um gefördert zu werden. Da erzählte mir eine Freundin, dass sie einen Meister des Nada Yogas getroffen habe. Sie war sehr begeistert von ihm und hatte ihn eingeladen, ein Seminar in ihrem Seminarhaus zu geben. Ich hatte sofort ein gutes, helles Gefühl dazu und ging hin. Das Seminar begann einen Abend zuvor mit einem Konzert. Auf dem Weg zum Konzertraum traf ich in der Dunkelheit des Abends den Meister. Ich konnte ihn nicht gut sehen, aber doch sofort erkennen. Und es war so, als erkenne er mich auch. Jedenfalls umarmten wir uns spontan. Und er sagte leise: „Hello my dear," was sehr vertraut wirkte.

Das Seminar war der Beginn eines spirituellen Weges mit ihm. Über seine Musik, Nada Yoga, die Yoga Sutras des Patanjali, die er lehrte und sein gesamtes Wesen und Wirken auf mich wurde er zu einem wichtigen Lehrer und Freund in meinem Leben bis zu seinem Tod.

Jahre später in vertrauter Atmosphäre sagte ich zu ihm, dass ich immer mal wieder das Gefühl habe, er sei schon in anderen Leben mein Lehrer gewesen. Er lächelte und sagte „Ja, so machen wir das. Wir begegnen uns immer wieder und trennen uns."

Ich hatte damals also wirklich keine Ahnung, auf welch großartige Chance ich mich da eingelassen hatte, doch war es von Anfang an stimmig. Ich wusste nicht, welch einem großen Meister ich in ihm begegnen würde. Aber ich war genau am richtigen Punkt mit der richtigen Bereitschaft, um das Feld mit seinen Möglichkeiten Wirklichkeit werden zu lassen.

Die Rolle unseres Bewusstseins

Engel und Freunde aus der lichtvollen geistigen Welt erscheinen uns so, wie wir sie am besten verstehen können. Unsere Seele, die, wie ein Sonnenstrahl mit der Sonne, immer mit der göttlichen All-Liebe verbunden ist, spricht oft in Bildern, Empfindungsimpulsen oder Geistesblitzen zu uns. Sie gibt uns die Eingaben in der Form, die uns gemäß ist. Unsere geistige Kraft übersetzt dann in unser Alltagsbewusstsein und unsere Sprache. Es ist ein Zusammenwirken unserer Seele, der Engel und unseres Bewusstseins.

So ist mein Kontakt zu dem von mir sehr geliebten Erzengel Michael anfangs in anderen Bildern verlaufen als es mittlerweile möglich ist. Anfangs spürte ich seine immense Kraft und Größe und fürchtete, an meinen Nerven Schaden zu nehmen, wenn er sich mir in seinem ganzen Potenzial offenbaren würde. Ich bat ihn deshalb um Nachsicht und eine Erscheinung, vor der ich mich nicht zu fürchten brauchte. Er löste diese Anliegen sehr humorvoll. Er zeigte sich mir nämlich als Hausmeister mit Werkzeugkoffer und zwinkerte mir zu mit einem aufmunternden: „Dann wollen wir mal." Mittlerweile kann ich ihn in seiner Größe gut aushalten und er hat ein reiches Repertoire, um mir schon in seinem Erscheinungsbild eine Botschaft zu übermitteln. Mal zeigt er sich als ein großer Vulkan, wenn es um Zusammenhänge von kollektiver Bedeutung geht, mal als Lichterscheinung in Rot, wenn es sich um Transformation handelt, oder in Blau, wenn es um Schutz geht.

Menschliches Leid und liebevolles Sein

Wir müssen uns zuweilen sehr strecken, wenn wir aus unseren Schwierigkeiten heraus in ein liebevolles Sein hineinwachsen wollen. Die Engel helfen uns dann gerne. Sie wirken in ihrer Liebe, Klarheit und Weisheit und helfen uns zu verstehen oder etwas anzunehmen, uns vertrauensvoll unserem Weg zu öffnen. Mit ihrer Hilfe verstehen wir Situationen, Menschen und uns selbst tiefer und besser und wir werden so zu Wissenden und reifen. In dieser Reife wachsen wir in die Kraft der Vergebung hinein.

„Gott, vergib ihnen, denn sie wissen nicht, was sie tun," ist ein Christuszitat (Lukas 23, 34), das uns ein Wegweiser sein kann. Vergebung befreit uns von Anhaftungen negativen Denkens und Fühlens. Wir sind dann nicht mehr gebunden an die Täter, die uns Unrecht und Leid zugefügt haben, sondern sind befreit. Stecken wir aber in einem Opferbewusstsein fest, bleiben wir immer unfrei. Wir kleben in der Vergangenheit fest. Wir machen uns abhängig von Äußerem, von etwas, das wir nicht verändern können. Legen wir jedoch unseren Schwerpunkt in uns selbst hinein, vergeben wir, bauen wir unseren inneren Frieden und unsere Kraft für unsere Lebensaufgabe auf. Wir können dann in Vertrauen unseren Weg gehen und unsere Möglichkeiten entfalten. Wir geben so anderen keine Macht mehr über uns. Vergeben wir, so stärkt uns unsere Selbstwertschätzung darin, Mut zu haben, ganz wir selbst zu sein, damit wir uns ganz auf unser Leben einlassen können. So können wir unsere Lebensaufgabe gestärkt erfüllen.

Dazu gebe ich gerne ein berührendes Beispiel.

Ein sehr eindrucksvolles Beispiel ist in Frau Eva Mozes Kors lesenswertem autobiographischen Buch „Ich habe den Todesengel überlebt“ beschrieben. Sie hat die entsetzlichen Experimente Dr. Mengeles an Zwillingskindern im KZ Auschwitz als Kind überlebt. Das Leiden ist unvorstellbar, das man ihr angetan hat. Als Erwachsene, in Israel angekommen, erkennt sie ihre Unfreiheit als Opfer, wenn sie den Tätern nicht vergibt. Sie erkennt das Aneinander-gekettet-Sein mit ihm, wenn keine Vergebung fließen kann. Gegen den Rat eines orthodoxen Rabbis, abzuwarten, bis der Täter um Vergebung bittet, vergibt sie ihm ganz offiziell in einem Brief. Nicht alle sind darüber erfreut gewesen, sondern manche haben darin einen Verrat gesehen. Sie jedoch erlebte Befreiung. Und das war noch nicht genug, sondern sie ging noch einen Schritt weiter in ihrem Leben. Rainer Höß, der

Enkelsohn des Lagerkommandanten von Auschwitz, Rudolf Höß, wurde von ihr auf sein Bitten hin symbolisch adoptiert. Beide setzen sich für eine Versöhnung mit der Vergangenheit ein und wollen Feindseligkeit und Hass nicht weitertragen.

Wenn ein Mensch, wie Frau Mozes Kor, die so Schreckliches erlebt hat, deren Familie vernichtet und deren eigenes Leben auf das Schwerste verwundet worden ist, vergeben kann, dann ist das Argument, ein Leiden sei zu schwer, als dass man es vergeben könne, entkräftet.

Vergebung wirkt

Tatsächlich ist es so, wie Frau Mozes Kor es erlebt hat. Vergebung befreit, gibt Kraft, schenkt eine vertrauensvolle Perspektive und öffnet für die Liebe. Das Leben selbst kann uns anders antworten, wenn wir vergeben. Wir haben dadurch eine lichtvollere Resonanz. Das Dunkle wird entkoppelt. Dann öffnen sich Situationen und Menschen begegnen uns, denen wir zuvor, eingetrübt durch die schweren Erfahrungen, nicht so offen hätten begegnen können.

Es ist ein kreativer Prozess des Lebens, uns immer wieder neu auf unsere selbst kreierten Bedingungen, unsere Worte und Taten, unsere Resonanz, einzustellen. Das Leben antwortet uns wie in einem Feedback. Wenn wir in der Ankopplung an das Leiden bleiben, sind die Möglichkeiten begrenzter, weil wir unfreier sind. Wir werden zurückgehalten von der Vergangenheit und dem Leid, unserem Opferbewusstsein. Opfer zu sein, macht uns ängstlicher und leidensorientierter. Die Orientierung auf das Leid bringt uns dann allmählich von unserem Kurs des sinnvollen, lichtvollen Pfades ab. Wir deuten und verstehen Menschen und Situationen eingeschränkter und nutzen weniger unser Potenzial. Es ist energetisch wie ein Gummiband, das uns immer wieder nach hinten zieht, nicht vorankommen lässt. In Kategorien der Schuld zu denken, ist dann viel naheliegender, als sich vom Opfersein zu befreien. In der Nähe von Schuld liegen laut David Hawkins in unserem Bewusstsein Scham, Apathie, Trauer und Angst, gefolgt von Verlangen und Ärger. Indem wir vergeben, verändern wir unsere Wahrnehmung von uns selbst und der Wirklichkeit.

Zu vergeben bedeutet, meinen eigenen Ärger, meine Wut, die Verwundung zu fühlen und zu erkennen, dass ich die Situation nur verändern kann, wenn ich meine eigenen Gefühle und meine eigenen Gedanken über das Geschehene verändere. Das kann niemand sonst für mich tun. Jederzeit kann ich mich für Vergebung entscheiden und dann Schicht für Schicht in einem eventuell anstrengenden und dauernden Prozess beharrlich vergeben. Dabei schaue ich aus unterschiedlichen Perspektiven auf das Geschehene. Bei jedem Schritt ist es möglich, dass ein weiteres Gefühl aufsteigt, dem ich mich dann wiederum hingebe oder es übergebe. Und nach diesem weiteren Schritt schaue ich fragend: „Was kommt jetzt?“ Somit bleibe ich kontinuierlich in dem Geschehen der Vergebung und vergebe auch mir selbst für meine Begrenztheit. Und dann irgendwann ist Frieden da. Es wird heller und geräumiger in mir. Gnade folgt. Das Leben antwortet mit neuen Gelegenheiten.

Die schmerzenden dunklen Erfahrungen werden durch unser eigenes Bewusstsein erst schmerzhaft und dunkel. Deshalb können der Schmerz und das Dunkle auch nur durch die Veränderung des eigenen Bewusstseins vergehen.

Normalerweise können wir das komplexe Mosaik der karmischen Hintergründe nicht erkennen, an denen gerade gewirkt wird. In diesem Nichtwissen kann sich eine Tür öffnen zu einem Raum, in dem uns das Licht des Friedens entgegenstrahlt. Wenn wir vertrauensvoll unsere Erfahrungen annehmen und uns und anderen vergeben, kann Großartiges geschehen.

Wir können also Ungesundes und Schmerzen überwinden, indem wir die Fähigkeiten entwickeln, ungesunde Selbstvorstellungen, Schmerz erzeugende Konzepte und Ideen nicht mehr ständig praktisch in unserem Verhalten und geistig in unseren Vorstellungen zu aktivieren, sondern in der Lage zu sein, sie gleichsam austrocknen zu lassen. Wir können gewahr werden, wann sich etwas Ungesundes ankündigt und in uns aufsteigen will. Dazu brauchen wir Achtsamkeit und Bewusstheit. Wir fühlen dann etwas Dumpfes, Schweres sich in uns regen. Wir lassen jedoch nicht zu, dass es ganz aufsteigt und Raum nimmt in uns, unser Bewusstsein verdunkelt, uns Energie raubt, sondern wir setzen gleich bei der ersten Regung etwas Lichtvolles dagegen. In der hinduistischen Tradition nennt man es Japa, wir wiederholen einen Namen Gottes. Wir können ebenso ein Mantra wiederholen. Das Gleiche klappt mit Liedern wie denen von Taizé und Lieblingsworten wie Regenbogenlicht oder Kinderlachen. Am stärksten strahlen jedoch die Namen Gottes. Sie haben die stärkste Kraft. So geben wir unserem Geist etwas, an dem er sich orientieren kann und lassen das, was uns Energie kostet, nicht zu.

Haben wir uns aber in den Fäden der Gedanken bereits gründlich verfangen und können sie nicht entwirren, dürfen wir die Engel bitten, uns zu helfen, uns von ihnen zu befreien. Allen voran bitten wir in diesem Fall Erzengel Michael um Durchtrennung der Schnüre, Fäden und Stricke, die uns zurückhalten von unserem lichtvollen Wesen, unserem wahren Potenzial und Weg. Durch das Überwinden des Leidens und der Schwierigkeiten werden wir noch liebesfähiger und liebenswerter.

Wir können das nur selbst initiieren. Die Engel greifen nicht von sich aus in das Geschehen ein, um unseren freien Willen nicht zu beeinträchtigen. Denn dann würden sie uns wertvoller Erfahrungen berauben, durch die wir große Lernschritte machen könnten. Sie unterstützen uns vielmehr in unserem Lernen und Reifen durch die Herausforderungen des Lebens und stärken unser Selbstvertrauen. Sie weisen uns auf Weisheit und Liebe hin. Sie helfen uns also, wenn wir sie darum bitten. Dann transformieren sie auch Hindernisse und heilen all unsere Körper den göttlichen Gesetzen gemäß.

Im Garten der Seele arbeiten

Warum ist es sinnvoll, immer wieder aktiv den Kontakt zur geistigen Welt aufzunehmen und zu halten? Warum sind Klärung und Transformation immer und immer wieder wichtig? Kann man nicht mal damit aufhören? Das fragen sich viele Menschen. Ich versuche das zu erklären, indem ich das schöne Bild vom Garten für die Seele verwende. Jeder kann das in eigenen Visualisierungen nachvollziehen.

Der Garten ist in vielen Kulturen ein altes Symbol für die weibliche Seite Gottes, so wie der Vogel ein Symbol für die Seele selbst ist. Der Tempel ist das männliche Gegenstück zum Garten.

Im Christentum kennen wir den Garten Eden, ein Bild für ein unschuldiges Bewusstsein. Mit dem Essen der Frucht des Wissens gelangen wir in die Welt der Gegensätze. Durch Erfahrung lernen wir zurückzukehren in den Garten, um die Frucht der Einsicht zu essen und in die Ganzheit zu gelangen. Wir kennen die Gegensätze dieser Welt und haben sie zusammengefügt zu einer Ganzheit. Der Garten Gethsemane ist ein ebenso bekanntes Bild. In ihm findet Jesus seinen Halt, um seinen Weg gehen zu können. Er findet dort Frieden. In östlichen Traditionen ist der Rosengarten ein Symbol, in dem sich der Liebende und die Geliebte treffen. Der Garten hat also unterschiedliche Bedeutungsfacetten in seiner Bildkraft.

Der Garten der Seele ist immer ein Zuhause, ein Heiligtum. In ihm sind all die Samen angelegt, die wir in unser Leben einbringen können, um sie zu unserem und dem Wohle aller fühlenden Wesen wachsen zu lassen. Es sind Qualitäten der Seele, die unser Leben erneuern und heilen können. Dazu müssen große Steine, die das Wachstum behindern, entfernt werden. Außerdem braucht die Erde Wasser. Wir können die Samen der Seele jeden Tag wässern durch Meditation und Gebet, durch einstimmende Musikstücke, Schönheit und Harmonie. Es ist sinnvoll, unser Leben so zu kultivieren, dass es die Entwicklung dieser Seelenpflanzen fördert. Dann beginnen sie zu wachsen und gedeihen. Wir beeinflussen durch den Einklang mit unseren Herzen, durch unser Bewusstsein die Welt um uns.

Stellen wir uns unsere Seele also als einen großen Garten vor, als einen sehr großen Garten. Da gibt es Lieblingsplätze, die wir gut kennen. Und es gibt Bereiche, die wir nicht so oft besuchen, die ursprünglich und wild sind, und freie und geborgene Bereiche. Es gibt Nutzbeete, die uns nähren und Orte reiner Schönheit, an der wir uns berauschen, aber auch Plätze, an denen wir Kraft tanken und ausruhen.

Es gibt alle Elemente in unserem Garten. Erde, Wasser, Feuer, Luft und Äther oder Raum und Zeit. Die Elemente können wir in unterschiedlichen Formen und Zuständen entdecken. Sie sind vom Grobstofflichen (Erde) hin zum Feinstofflichen (Äther) immer feiner werdend angeordnet.

Die Erde finden wir als Sand, Humus, Lehm und Torf, als alles Feste im Garten. Sie kann beispielsweise nährstoffreich oder -arm, trocken oder feucht sein. Manchmal kann Leben in und auf ihr gedeihen, manchmal nicht. Hierin zeigt sich ein Bild vom Zustand unseres Körpers oder den Bedingungen der materiellen Welt, in der wir leben. Wir erspüren und interpretieren sie sehr individuell, wie alle anderen Elemente und ihre Eigenschaften auch. Sie steht für Beharrungsvermögen und Solidität. Disharmonisch kann sie Trägheit, Starre und Widerstand anzeigen. Menschen mit einem gut entwickelten Erdelement strahlen Vertrauen, Wärme und Hoffnung aus.

Wasser finden wir als Tau, Regen und Seen, Bächlein, vielleicht sogar als Meer wieder. Klar, rein, trüb, aufgewühlt, lebendig, modrig, gefroren können u. a. seine Attribute sein. Diese Eigenschaften sagen etwas über unseren Emotionalkörper aus. Als Ursuppe begegnet uns dieses Element auch als Fruchtwasser. Das Urmeer steht auch für Unwissenheit, die durch die Fähigkeit des Wassers, Informationen zu speichern, ein Gedächtnis zu bilden, in Lernfähigkeit und Erkenntnis gewandelt werden kann.

Deshalb steht Wasser für unsere Bereitwilligkeit, unsere Lektionen zu lernen. Es steht vor allem für Gefühle, die sich in Tränen als Ausdruck der Trauer und der Freude zeigen können.

Eine sanfte Haut und Stimme zeigen ein harmonisches Wasserelement an. Diese Menschen wirken sanft und gefühlsausgleichend auf ihre Mitmenschen.

Das, was wir umsetzen, Nahrung, Eindrücke und alles, was von außen kommt, was wir so verwandeln, sodass es in uns aufgenommen werden kann, wird durch unser Feuerelement bearbeitet. Dieses Element zeigt sich als Sonne oder Feuer und ist hell, warm, heiß, explosiv, lodernd oder schwach glimmend. Da wir Eindrücke von außen aufnehmen und verarbeiten, sie verdauen, also verbrennen, um sie dann in unser System einzuordnen, kann man hier den Zustand des Mentalkörpers erkennen.

Bei harmonischem Feuerelement haben Menschen ihre Hitzigkeit und Impulsivität ausgeglichen und sind durchsetzungsstark, wenn es um höhere Ziele geht.

Für das Element Luft finden wir Bilder in unserem Herzchakra. Die Luft kann frisch, lau, warm, windig, stürmisch, erfrischend und zerstörend sein. Sie kann wie jedes Element heilsam und zerstörerisch sein. Die Luft verbindet alles mit allem, wie es auch unser Herz tut. Die Luft berührt uns, somit geht es in diesem Element um Berührung, Kommunikation, Heilung, Liebe und Weisheit.

Menschen mit einem harmonischen Luftelement wirken auf andere herzlich, vertrauensvoll und empathisch. Sie zeigen sich offen für Neues, haben die Kraft der Integrationsfähigkeit und können für andere wie eine Brücke sein, die sie in eine andere Welt führt.

Der Äther gibt uns Raum, Freiheit und Möglichkeiten, kann aber auch beängstigend weit oder eng sein. Er zeigt uns unseren Kausalkörper an, in dem unsere Spiritualität wohnt. Das Ätherelement, Raum oder Akasha, ist für alle Kopfzentren (Kehle, Stirn, Scheitel) wichtig. Raum ist Bedingung für Materie. Er ermöglicht Individualität und Individuation, Vereinzelung, Isolation. Andererseits ist er Voraussetzung für ihre Überwindung durch Kommunikation und Verbindung. So entsteht Gemeinschaft. Distanz und Annäherung sind hier Themen und alles, was mit Zeichen, Tönen, Sprache und Ausdruck und Vermittlung, also Kommunikation zu tun hat.

Deshalb sind Menschen mit einem harmonischen Ätherelement gute Vermittler, Kommunikatoren und Leiter. Wo Raum, Akasha ist, da findet Schöpfung statt. Wir finden hier kreative Menschen.

Zeit ist das Element, in dessen Kraft sich Veränderung zeigt. Wir können alle Elemente geistig wie in einem Film in ihrer Veränderbarkeit erleben. Wir können den Garten der Seele selbst in seiner Wandlung erfahren, was zu kraftvollen, heilsamen Erfahrungen und Bildern führen kann. Dabei können wir selbst die Geschwindigkeit der Zeit steuern. Wir können die Bilder, den Film in Zeitlupe oder in Zeitraffer ablaufen lassen. Wie erleben aber auch über die Jahre hinweg den sich verändernden Garten der Seele. Einige Orte und Pflanzen oder Tiere bleiben, andere tauchen verändert oder gar nicht mehr auf. Manchmal kommen wir in gänzlich neue Landstriche hinein, überqueren vielleicht sogar einen Fluss.

Je nachdem wie wir unsere Elemente in unserem Garten der Seele wahrnehmen, können wir Aufschluss über unseren Seelenzustand finden. Wir können diese Elemente durch Imagination pflegen. Das hat eine starke Kraft. Wer es nicht ausprobiert hat, kann es kaum nachvollziehen. Hier wirken Kräfte der heilsamen Bilder. Imaginationen wirken tatsächlich immer kraftvoll, nicht nur im Zusammenhang mit den Elementen.

Manche Menschen meinen, sie hätten genug für sich getan, damals in der Psychotherapie oder damals in der spirituellen Gruppe oder bei einer Engelheilung. Es ist aber tatsächlich wie in einem Garten in uns. Es wächst wieder Unkraut nach, es kommt etwas von irgendwoher hineingeweht. Alte Pflanzen brauchen unsere Pflege. Wir lernen, ein guter Gärtner zu sein, der auch von Zeit zu Zeit etwas zurückschneiden muss, wenn es zu viel wird und andere Pflanzen überwuchert werden. Der Garten der Seele braucht uns kontinuierlich. Und wir brauchen ihn. Es ist wichtig, dass wir so oft wie möglich, am besten täglich, meditieren, was wie Unkraut jäten ist. Eine gelungene Psychotherapie oder spirituelle Begleitung kann dazu führen, dass unser Garten neu angelegt wird und wir nun erst seine gesamte Größe und seinen Reichtum bestaunen, nutzen und freudvoll erleben können. Nach einiger Zeit werden sich neue, weitere Gartenräume in uns zeigen, die es zu entdecken, zu integrieren gilt.

Verlieren wir den Kontakt zu unserer Seele, verarmen wir und verlieren uns im Denken, was aber nur einen Teil, sogar einen ziemlich kleinen Teil von uns ausmacht. Unsere auf das Denken angelegte Kultur täuscht uns da zuweilen. Mysterien wie Liebe und Heilung geschehen in Bereichen unserer Seele und sind letztendlich nicht erklärbar. Da unsere Seele jedoch versucht in Bildern mit uns zu sprechen, können wir sie besuchen und erforschen. Wir nutzen dabei das Bild von unserem Garten der Seele. Wir begegnen gelegentlich auch anderen Wesen in unserem Garten: Krafttieren, Geistführern, Heiligen und Engeln.

Es wird dort auch einen heiligen Bezirk mit einem Tempel oder einen besonderen Kraftort geben. Ihn zu besuchen, stärkt und klärt uns. Es kann heilsam sein. Wir begegnen an diesen speziellen Orten sehr leicht Engeln und ihrer wandelnden und heilenden Kraft.

Engel versuchen ebenso über Bilder, Empfindungen und Inspirationen mit uns Kontakt aufzunehmen. Die meisten Menschen sind visuell begabt und können sie in geistigen Bildern sehen. Jede Farbe, jede Geste hat dann eine Bedeutung. Wir können sie intuitiv wissen oder aber erfragen. So werden sie dann in unser Alltagsbewusstsein übersetzt und in unsere logische Sprache gebracht. Dazu braucht es Offenheit, Klarheit, Hingabe, Vertrauen und Training.

Im Yoga gibt es eine interessante Zuordnung von Chakras und Elementen.

Erde entspricht dann dem ersten Chakra, dem Basis- oder Wurzelchakra. In Sanskrit heißt es Muladhara (Bedeutung: Halter der Wurzel).

Wasser entspricht dem zweiten Chakra, dem Sakralchakra oder Swadhisthana (Bedeutung: Ort des Selbst).

Feuer wohnt im dritten Chakra, dem Solarplexuschakra oder Manipura (Bedeutung: Stadt der Juwelen).

Luft belebt das vierte Chakra, das Herzchakra oder Anahata (Bedeutung: der Ton).

Das Kehlkopfchakra oder Vishuddha (Bedeutung: das Zarte und Reine) öffnet sich in den Raum der Möglichkeiten, in das Ätherelement.

Das Stirnchakra oder Ajna (Bedeutung: Kontrolle) ist verbunden mit der feinsten Stufe des Äthers, manche sprechen auch vom Geist.

Das Kronenchakra oder Sahasrara (Bedeutung: Krone) ist ganz ohne Element.

Das Interessante an diesen feinstofflichen Organen ist, dass sie auf zweifache Weise wirken. Zunächst einmal transformieren sie die göttliche Energie, wie bei Starkstrom auf die Energie hinab, die wir individuell auf unserer jeweiligen Ebene vertragen können. Dafür drehen sich eine Art trichterförmiger Räder, die dabei in Farbtönen erstrahlen, die ihrer Drehgeschwindigkeit und ihrer Dichte entsprechen. Die Bausteine für diese Schöpfung, die durch ihre Aktivität in Gang gesetzt werden, sind die Elemente.

Zum anderen sind sie gleichsam unsere Pforten zu unterschiedlichen Ebenen des Seins. Diese Seinsebenen sind immer für uns alle gleichzeitig da. Allerdings erschließen sie sich uns erst durch unsere Reise durch das Bewusstsein.

Das ist ja alles gut und schön. Was ist aber mit dem Bösen, dem Dunklen, dem, wovor wir Angst haben?

Vom Bösen

„In jedem lebt ein Bild des,
was er werden soll;
solang er dies nicht ist,
ist nicht sein Frieden voll."

ANGELUS SILESIUS

Böses gibt es in dieser irdischen Welt. Das wissen wir aus leidvollen Erfahrungen. Wir werden mit den nicht integren Anteilen unseres Selbst und unserer Mitmenschen in vielen Bereichen unseres Lebens konfrontiert. Wenn Macht statt Liebe die Orientierung im Leben gibt, findet Lieblosigkeit, in ihrer extremen Form als Gewalt, statt.

Ich widme ein Kapitel diesem Thema, weil ich so oft danach gefragt worden bin, ob es das Böse gibt. Selbst nach „bösen Engeln" wurde ich gefragt. Es herrscht eine doch weit verbreitete Angst davor. Um die Antwort gleich zu geben, die ich dann noch genauer erklären werde: Nein, „das Böse" als ein beseeltes, eigenständiges, lebendiges Wesen gibt es nicht. Es gibt Gedanken- und Gefühlsformen, die durch stetige Wiederholungen oder durch Unverständnis und Unbewusstheit zum Schaden anderer – wobei man sich immer letztendlich selber schaden wird – entstehen. Man nennt sie Elementale. Elementale halten sich in der Astralwelt auf und suchen gleiche Energie, um sich mit ihr zu verbinden und um dann, stärker als zuvor, zum Sender zurückzukommen.

Während mancher Heilungen mithilfe der Engel werden mir solche Elementale gezeigt. Manchmal sind sie wirklich gar nicht schön anzusehen. Sie lassen sich immer mit der Hilfe der Engel gut auflösen, wenn die Bereitschaft der Menschen dazu da ist. Das göttliche Licht der Engel ist stärker als jedes Elemental. Schauen wir mal genauer hin.

Die Identifikation mit der physischen Welt und dem Körper begrenzt uns. Sie führt zu Anhaftungen, zu einem Verhaftetsein in der physischen Welt. Wir sind dann tatsächlich wie in einem Gefängnis eingesperrt. Die Welt wird sehr klein, viel kleiner, als sie sein kann. Der Gedanke und das Gefühl der Isolation, auf sich selbst zurückgeworfen zu sein und die Verleugnung der lichtvollen geistigen Welt und der Allgegenwart und All-Liebe Gottes haben ein reduziertes, materialistisches Weltbild zur Folge.

Dieser inneren Überzeugung folgend sorgt jeder für sich und weil die Materie zählt, das Haben statt das Sein, werden radikale Mittel des Erwerbs eingesetzt ohne Rücksicht auf den Anderen und ohne Rücksicht auf humane und ökologische Katastrophen. Ein fast schon selbstverständliches Mittel ist die Konkurrenz. Menschen arbeiten in der Konkurrenz gegeneinander, was ihrem Wesen, das sozial ist, widerspricht.[14]

---

14 Schon Aristoteles sagte, dass der Mensch ein soziales, auf Gemeinschaft angelegtes und Gemeinschaft bildendes Lebewesen sei.
In der heutigen neurobiologischen Forschung hat der Arzt, Neurobiologe und Psychiater Joachim Bauer es in seinem Buch „Prinzip Menschlichkeit“ so präzisiert: „Nichts aktiviert die Motivationssysteme so sehr wie der Wunsch, von anderen gesehen zu werden, die Aussicht auf soziale Anerkennung, das Erleben positiver Zuwendung und – erst recht – die Erfahrung von Liebe.“ S.35

Langfristig macht das gegeneinander Leben unglücklich und krank. Menschen versuchen dann, sind sie erst einmal unglücklich und erleben sich als isoliert, umso härter über Besitz, Status und Macht sinnvoll und erfüllt zu leben. Die radikalste Variante ist der widerrechtliche oder illegitime Erwerb von etwas. Das heißt, wenn jemand seine eigenen Interessen über alle anderen rechtlichen, sozialen und moralischen Gesetze stellt, um sich zu bereichern.

Alles Weltliche ist jedoch vorübergehend. Nichts davon können wir halten. Dieser Weg ist eine Sackgasse, die desaströs endet. Die Menschen beginnen seit einigen Jahren zu verstehen, dass Umweltschäden wie Verwüstungen, Wasserverseuchung und Wasserverknappung, Erosion der Erde und ihre Auslaugung und Vergiftung, Verpestung der Luft, Artensterben, Krankheiten, Verelendung und Kriege in letzter Konsequenz aus diesem Irrweg hervorgehen.

Wenn Macht statt Liebe das Menschenleben regiert, haben die Schattenseiten des Menschen selbst ihn fest im Griff und drücken ihm auf Dauer den Zugang zu den feineren Ebenen seines Seins ab. Die liebevolle Energie kann immer weniger fließen.

Die Methoden der weit verbreiteten schwarzen Pädagogik[15], die mit Ängsten und Einschüchterungen arbeitet und manipuliert, führen dazu, dass Menschen Ängste vor einer höheren Macht entwickeln, ein Gefühl für sich selbst verlieren und diese Ängste auf das Göttliche projizieren. Wenn sie Gott nicht ganz und gar verleugnen, halten sie Gott für strafend,

15 Die Soziologin Katharina Rutschky führte den Begriff 1977 ein. Er beschreibt eine Erziehung, die mit Gewalt und Einschüchterung arbeitet.

rächend und unberechenbar. Durch innere Klärung kann erkannt werden, dass diese Ängste und Einschüchterungen durch Erfahrungen mit Menschen entstanden sind und aus der Wunde heraus eine Projektion erfolgt.

Die Theodizeefrage, warum Gott das Leid in dieser Welt zulässt, ist dabei zentral. Sie dient als Begründung dafür, dass Gott schrecklich, ungerecht und unberechenbar sei. Er wird so dargestellt wie die Personen erlebt wurden, unter denen man gelitten hat, als man ihnen ohnmächtig ausgesetzt war. Gott wird als jemand oder etwas betrachtet, der kausal tätig ist. Das ist eine Vermenschlichung. Das Alles-Was-Ist, das Tao, Gott wirkt jedoch auch äonisch, also in riesigen Zeitzyklen.[16] Wir können solche Zyklen nicht überschauen, da streikt die menschliche Vorstellungskraft. Ebenso wenig können wir die Unmengen an Information, die hinter einer Situation liegen, erfassen.

Wenn wir uns Gott nicht vorstellen können, scheitern wir auch, uns vorzustellen, wie er wirkt. Die Dimensionen, in denen er wirkt, sprengen ebenso unseren Horizont. Das Wirken der göttlichen Kraft in uns und um uns dürfen wir uns also kausal und akausal vorstellen. Kausalität wirkt in unserer Raumzeit, in diesen vier Dimensionen. Es gibt aber noch viel mehr Dimensionen als diese uns Vertrauten. Physiker vermuten andere Wirkungsweisen in weiteren Dimensionen. Kurz,

16 Der große Physiker Burkhard Heim erweiterte das vierdimensionale Raum-Zeit-Modell und entwickelte ein 12 Dimensionen-Modell. Dazu errechnete er zunächst alle Größen, die auf ungleich Null gesetzt worden waren, sehr genau und erhielt dadurch Einblick in weitere Dimensionen. Um sie zu beschreiben, reichte die bisherige Sprache nicht aus. Er entwickelte eine Sprache, die selbst für Physiker schwer zu verstehen sein soll, umso weniger für Laien. Gut erklärt worden sind diese Zusammenhänge von Marcus Schmieke, Physiker und Philosoph, in seinen Vorträgen und u. a. in seinem Buch „Der zweite Weg“.

zu sagen, Gott sei schrecklich, sagt etwas über uns Menschen aber nicht über Gott aus. Eigentlich können wir nur über ihn schweigen. Wir Menschen treten mit unserem freien Willen auf und wir sind es selbst, bei niedrigem Bewusstsein und verschlossenem Herzen, die Böses in die Welt bringen oder etwas als böse beurteilen.

Der Sinn in all dem weltlichen Sein ist eine starke Kraft. So hat auch Viktor Frankl in seinem Buch „...trotzdem Ja zum Leben sagen" sehr eindringlich dargestellt, dass im KZ diejenigen starben, die sich aufgegeben hatten, weil sie keinen Sinn mehr in ihrem Leben finden konnten. Deshalb erzählte er abends im Lager sinnstiftende Geschichten und entwickelte als Neurologe und Psychiater die Logotherapie.[17]

Was haben wir damit zu tun? Schauen wir uns das energetisch an.

Alle Gedanken, vor allen Dingen dann, wenn sie emotional und imaginativ aufgeladen sind, sind Energien. Werden sie häufiger gedacht, immer und immer wieder und mit starken Gefühlen und Vorstellungen geladen, sind sie Elementale, Gedankenformen, die gleiche Energien suchen, um sich mit ihnen zu verbinden. Elementale haben kein eigenes

---

17 Viktor Frankl Institut Wien: „Ausgehend von der Psychoanalyse Sigmund Freuds und der Individualpsychologie Alfred Adlers entwickelte der Psychiater und Neurologe Viktor Emil Frankl (1905–1997) in den frühen dreißiger Jahren einen eigenständigen Ansatz, für den er den Doppelbegriff „Logotherapie und Existenzanalyse" prägte. Logotherapie und Existenzanalyse, auch „Dritte Wiener Richtung der Psychotherapie" genannt, ist eine international anerkannte, empirisch untermauerte sinnzentrierte Psychotherapierichtung. Frankls Konzept leitet sich aus drei philosophischen und psychologischen Grundgedanken ab:
- Freiheit des Willens
- Wille zum Sinn, und
- Sinn im Leben

Alexander Batthyany

Leben, so auch keine Qualitäten des Lebendigen, neigen aber dazu, da sie sich mit gleichen Schwingungen verbinden, zum Sender zurückzukehren. Dann sind sie allerdings meistens größer und geladener, als die Gedanken, die wir hatten. Menschen fühlen sich dann überrollt, platt gemacht, überwältigt. Personifiziert man sie, werden daraus schnell böse Geister, der Teufel oder sonst eine finstere Gestalt. Doch wir sind es selbst, die das Ganze aufgebaut haben und nun zu spüren bekommen, was wir da gemacht haben. Es ist deshalb immer empfehlenswert, dunkle Gedanken aufzuarbeiten, zu wandeln, zu lösen. Ist man davon befreit, bietet man keine Resonanzmöglichkeit mehr. Wir erkennen uns und die Welt dann weiter, differenzierter und Lichtvolleres kommt in unser Leben.

Man trocknet somit die Elementale gleichsam aus. In alten hinduistischen Traditionen, wie weiter oben schon angesprochen, wird dazu das „Japa" angeboten. Es ist die Wiederholung eines Namens Gottes. Durch die stille mentale Wiederholung des Gottesnamens wird man ganz frei von anderen Gedanken und verbindet sich zugleich mit der stärksten Kraft.

Ayya Khema, eine buddhistische Nonne (1923–1997), empfahl das ähnlich. Wenn man einen unheilvollen Gedanken aufsteigen spürt – man erkennt ihn an der Dumpfheit, die man empfindet – solle man bewusst etwas dagegensetzen, zum Beispiel ein Mantra. Dadurch trocknen die unheilvollen Gedanken aus.

Es geht bei vielen großen Meistern also immer wieder darum, die Gedanken- und Gefühlsformen auszutrocknen, ihnen die Präsenz im Alltag zu nehmen, sie zu transformieren, ihnen nicht zu gestatten, dass sie uns bestimmen.

Dazu brauchen wir Mut, in uns zu schauen, die eigenen Schatten, wahrscheinlich mit Hilfe einer Begleitung, anzuschauen und aufzuarbeiten.

Beim genauen Hinschauen kann man erkennen, dass das angeblich Böse dem klaren Blick nicht standhält. Ein böser Mensch wird durch unsere Beurteilung dazu. Wie kommen unsere Beurteilungen zustande? Sie drücken unsere Bewusstseinsebene aus, unsere Grenzen, Werte, Ziele und Mittel. Oft gehen wir von unerforschten Vermutungen aus. Wir sehen jedoch in der Projektion dessen, was wir wahrnehmen, immer nur uns selbst und nicht den anderen Menschen oder die Situation, so wie sie „objektiv" ist. Wir sind also ohne andere Mittel eigentlich gar nicht in der Lage, eine solche Beurteilung abzugeben. Wir können fragen, was für wen und wann gut und für wen und wann übel ist. In der letztendlichen Beurteilung, ob etwas gut oder böse ist, scheitert jedoch allein schon deshalb unsere Einschätzung, weil wir die zeitliche Übersicht in die Zukunft nicht haben und schon mal gar nicht die Übersicht haben, alle Folgen eines Verhaltens oder einer Situation zu erkennen.[18] So verhilft das vermeintlich Böse oft dem Guten zum Durchbruch.

18 „Durch Beobachten wird man sehen, dass das Gegensatzpaar gut/böse lediglich eine Widerspiegelung eines übergreifenden Kontextes ist, die auf ungeprüften Annahmen beruht. Mit tiefer Demut wird man schnell erkennen, dass der Geist/ das Gemüt ohne Hilfe tatsächlich nicht autorisiert, nicht ausgerüstet und nicht fähig ist, solch eine wertende Unterscheidung zu treffen. Er kann dies herausfinden, indem er einfach anfängt zu fragen: „Für wen ist es gut, für wen ist es schlecht? Wann und unter welchen Umständen gilt dies?" Das führt am Ende dazu, dass man seinen ganzen übergreifenden Kontext von Bedeutung und Wertigkeit des menschlichen Lebens selbst als eine vorübergehende Lernerfahrung untersucht." David Hawkins, Erleuchtung ist möglich: Wie man die Ebenen des Bewusstseins durchschreitet, 2007, Seite 365

Eine interessante Dokumentation der Wuppertaler Mediengruppe macht auf einen anderen Zusammenhang aufmerksam. Sie zeigt eine Frau mit Nahtoderfahrung, die in der Psychiatrie gearbeitet hat. Sie lebt monatelang nach der NTE in dem Bewusstsein, dass sich alle Probleme sofort auflösen, ja, dass es sie nicht gibt. Diese Erfahrung hat sie aus der geistigen Welt mitgebracht. Sie lebt auf der entsprechenden Ebene dieses Bewusstseins weiter. Und tatsächlich lösen sich alle Probleme sofort auf, wenn sie anwesend ist. Darum ruft man sie, wenn Patienten toben, aggressiv werden und einen psychotischen Schub erleiden. Sie betritt den Raum und es kehren Ruhe und Frieden ein. Das geht so weit, dass ein Kollege sie zur Seite nimmt und fragt, was mit ihr los sei. Sie mache ja eine phantastische Arbeit, aber ob sie Drogen nehme. Man munkele über sie.

Weil sie nicht auffallen will, verliert sie diese besondere Fähigkeit. Sie nennt dies „Gefallsucht“. Sie kehrt sozusagen in ihr altes Bewusstsein zurück; sie spaltet sich vom Selbst wieder ab. Mir fiel bei dieser Wortwahl auf, dass in diesem Ausdruck das Wort fallen enthalten ist. Man könnte auch sagen, sie ist von einer Ebene auf eine andere gefallen. Auf der höheren Ebene gibt es kein böse und gut. Das weniger strukturierte, energetische Phänomen löst sich auf in die höhere Energie. Die Therapeutin verfügt über die starke Energie ihres Selbst, dem sie intensiv während ihrer NTE begegnet ist. Diese alles einende Liebeskraft, die keine Probleme kennt, wird von ihr nicht abgespalten. Sie bleibt im Selbst. Erst, als sie in ihre Gefallsucht zurückkehrt, spaltet sie sich wieder vom Selbst ab.

Die „bösen“ Patienten werden also sofort wieder „lieb“, sie beruhigen sich, wenn sie den Raum betritt. Ihr Bewusstseinsfeld ist stärker, weil es einem stärkeren Feld, einer stärkeren Kraft oder Energie[19] folgt, als das der Patienten. Hier verlieren sich Begriffe von Gut und Böse, vielmehr entstehen Begriffe von entwickeltem und weniger entwickeltem Bewusstsein, starker und schwacher Energie.

Können wir daraus etwas lernen?

Ganz praktisch kann man die Konsequenz daraus ziehen, sich mit den Menschen zu umgeben, mit denen man sich wohl fühlt und die das verwirklicht haben, was man auch wünscht. Das stärkt das eigene Feld. Ja, man kann sogar besser Fähigkeiten entwickeln, die noch schwach in einem schlummern. Alle anderen partizipieren dann von der höheren Struktur und Energie, sobald sie in Kontakt damit kommen.

Gibt es böse Krankheiten und böse Situationen?

Krisen, auch gesundheitlicher Art, sind strenge, harte Meister. Sie lehren uns klare Erkenntnis über das, von dem wir sonst lieber unseren Blick abwenden. Wir werden gezwungen, innezuhalten und uns zu klären. Sie alle lehren Demut, Dankbarkeit und das Setzen von Prioritäten. Manchmal ist ein Richtungswechsel auf dem Weg damit verbunden.

Manche sagen dann, Krisen brächten uns voran. Es ist allerdings nicht ganz richtig zu sagen, dass uns die Krise selbst voranbringt. Krisen zwingen uns zwar, genauer hinzuschauen was ist, aber sie heilen uns nicht. Es ist immer die Erfahrung und Kraft der Liebe, die heilt und wandelt. Selbst unsere physischen Zellen gehorchen einer höheren Ordnung.

19 David Hawkins nennt diese Kraft „Attraktor“

Einen hohen Rang in der Ordnung nimmt da der Sinn ein. Das, was sinnvoll ist, wird zur Ausrichtung, strukturiert auch die Zellen. Bis in das Atom hinein wirkt die Entelechie[20] und baut sinnvoll auf.

Wie die Kraft des Bewusstseins strukturiert, lässt sich auch in den beeindruckenden Wasserkristallbildern von Masaru Emoto ablesen. Man kann deutlich erkennen, dass die Struktur der Kristalle umso differenzierter aufgebaut ist, desto mehr Liebe und Dankbarkeit als Informationen im Bewusstsein des Menschen waren, der mit dem Wasser in Kontakt trat. Es gibt beispielsweise Wasserkristalle, die kunstvoll verzweigt sind, die entstanden sind, als ein Mensch ein Gebet in Gegenwart des Wassers gesprochen hat. Generell lässt sich sagen, je liebevoller und klarer ein Mensch sich geäußert hat, desto differenzierter strukturieren sich die Wasserkristalle. Bei Beschimpfungen, Beleidigungen oder Gleichgültigkeit bricht die Wasserstruktur zusammen und verklumpt unstrukturiert.

Nun besteht unser menschlicher Körper zu 70 bis 80 Prozent aus Wasser. Dieses Wasser in unseren Zellen folgt genauso den Informationen und seiner Strukturierung wie jedwedes andere Wasser auch. Wir sind schön strukturiert in Kontakt mit Liebe, einer hohen Frequenz, und unsere Struktur bricht zusammen, verklumpt bei niedriger Frequenz, das heißt bei Abwesenheit von Liebe.

---

20 Die Entelechie wird definiert als sich im Stoff verwirklichende Form; im Organismus liegende Kraft, die seine Entwicklung und Vollendung bewirkt; lateinisch entelechia, griechisch entelécheia, das wirkliche Tätigsein, zusammengerückt aus: entelès échein = vollständig besitzen.
Entelechie meint hier, eine innewohnende Vollendung als Potenzial, die ihrer Verwirklichung entgegenstrebt.

Sind unsere Gedanken und Gefühle voller Sorgen und Angst, programmieren wir unseren Körper entsprechend. Wir verlieren die Struktur, verklumpen gleichsam. Es ist mindestens anstrengend damit zu leben, wenn nicht gesundheitsschädigend. Wie findet man da einen Ausstieg?

Es gibt einige gute Möglichkeiten. Oben wurden schon Gedanken- und Gefühlskontrollen empfohlen wie Japa oder Mantras. Es geht im Prinzip darum, so achtsam zu sein, dass man bemerkt, was in einem geschieht, um dann damit umzugehen. Wir brauchen dazu eine höhere Ordnung, eine differenzierte Struktur, mehr Liebe, mehr Licht. Gute Psychotherapien führen letztendlich auf einen spirituellen Weg. Sie können sehr hilfreich sein aufzuräumen, sich selbst besser zu verstehen, wichtige psychische Integrationen und Gesundungen einzuleiten. Energetisierende Systeme wie Reiki und alle geistigen Heilungssysteme, selbstverständlich auch das Heilen mit Hilfe der Engel, arbeiten im Prinzip so, dass sie sich mit lichtvollen höheren Ebenen verbinden und sich und alles andere damit aufwerten, höher strukturieren, mit Licht aufladen. Natürlich geschieht das auch, wenn wir etwas segnen, wenn wir erkannt haben, dass wir mittels unserer göttlichen Kraft in uns dazu in der Lage sind oder um Segen für etwas bitten, wenn wir uns unsicher sind und lieber höhere Wesen wie Engel, den kosmischen Christus oder das Göttliche den Segen geben lassen.

Es gibt Lebenssituationen, in denen wir festsitzen, als wäre ein Verschluss oder Stöpsel auf unserer höheren Energie. Dann ist es wirklich gut, sich eine Begleitung, eine Hilfe zu holen. Es sollte ein Mensch sein, dem wir vertrauen können, damit wir uns ganz öffnen und entspannen können.

Alle geistigen Heilerinnen arbeiten so, dass die Verschlüsse oder Stöpsel, die den Energiefluss hemmen, gezogen werden und alles wieder frei strömen kann. Ich selbst habe beste Erfahrungen mit Engeln und hohen geistigen Wesen gemacht, die ich bitte zu wirken, um einem Menschen zu helfen. Denn ich erkenne an, dass wir als Menschen nicht das gesamte Mosaik des Geschehens sehen können, sondern immer nur Ausschnitte, manchmal nur einzelne Steinchen. So können wir beispielsweise nicht alle karmischen Bedingungen erkennen. Die lichtvolle geistige Welt erkennt diese Zusammenhänge sehr wohl und handelt optimal. Wir brauchen nur einen verlässlichen Kontakt zu dieser Welt und eine klare Kommunikation. Das kann man lernen, insbesondere dann, wenn man Begabungen dafür mitbringt, die sich oft in einer tiefen Sehnsucht nach der geistigen Welt äußert oder wir brauchen einen Menschen, der das schon meistert und für uns als Vermittler dient, eine geistige Heilerin.

Sinnvoll ist es auf jeden Fall, sich damit zu beschäftigen, was man selbst mit den jeweiligen „bösen" Situationen zu tun hat. Darüber können wir unsere Schatten erkennen und integrieren und weiter in unsere eigene Tiefe steigen. Gehen wir immer tiefer, begegnen wir dann auch archetypischen Kräften[21] in uns und schließlich unserem Selbst. Dann verstehen wir besser, wie Herausforderungen der Dünger unseres Wachstums sein können.

21 Archetypen sind nach C. G. Jung, dem Begründer der analytischen Psychologie, im kollektiven Unbewussten gespeicherte Kräfte, die als Symbole, als Urbilder in jeder Psyche getragen werden und aktiviert werden können. Sie haben eine sehr tiefe, meist unbewusste Wirkung. Sie sind kulturübergreifend in ihrer Bildhaftigkeit und Wirkung.

Ich gehe davon aus, dass die Medizin der Zukunft eine Medizin der Information sein wird, viel stärker als wir uns das momentan vorstellen können.[22] Da wir uns permanent selbst informieren und programmieren, ist es also mehr als sinnvoll, auf die Informationen zu achten, die wir uns selbst geben und die uns erreichen. Wenn wir nun in einem Umfeld niedriger Energie sind, jedoch keinerlei Resonanz dazu haben, also unsere Radiosender anders eingestellt sind, nämlich auf Lichtsendungen, laufen unsere hochfrequenteren Programme und nicht die Niedrigen unserer Umgebung. Haben wir aber unser altes Programm innerlich noch, gehen wir wahrscheinlich sofort auf Empfang bei niedriger Energie und wundern uns eventuell, wie erschöpfend in diesem Fall unsere Umgebung für uns ist. Wobei erschöpfende Situationen selbstverständlich auch ganz andere Ursachen haben können. Hier geht es allein um den Zusammenhang der Programme in uns.

Über andere Menschen zu schimpfen ist somit nicht gut. Das hat weniger mit einer moralischen Doktrin zu tun als mit der Erkenntnis, dass wir dadurch in nicht liebevolle, also niedrige Energie hineingeraten und uns selbst und anderen damit schaden. Wir ziehen uns dann selbst hinunter. Es hilft uns allerdings gar nicht, wenn wir „lieb sein" heucheln und innerlich das alte Programm läuft. Aufarbeitung, Klärung und eine wirklich freie, also keine unbewusste, sondern bewusste Wahl meiner Lebensausrichtung werden benötigt. Wir entscheiden die Richtung unserer Ausrichtung. Das ist ein unschätzbarer Gewinn

22 Sehr aufschlussreiche Bücher dazu: Dr. Harald Kinadeter, Heilung – Dimensionen einer neuen Medizin, 1998 und Marcus Schmieke, Der zweite Weg: Mein Leben im Informationsfeld, 2015

an Freiheit. Das vermeintlich Böse hat keine Macht über uns. Wir haben die unbewussten Stufen verlassen und unser Licht des Bewusstseins kann uns und die Welt erhellen. Schon eine Veränderung der Richtung um ein Grad ergibt auf lange Sicht einen völlig neuen Weg mit einem gänzlich anderen Ergebnis.

Konstruktive Kritik ist förderlich. Es ist auch immer in Ordnung, ein beherztes Stopp zu geben, wenn etwas Schädliches gebremst werden soll. Unser Weg führt uns immer weiter zu Erkenntnissen über Gut und Böse, je weiter wir gehen. Wir sind immer Teil unserer Wahrnehmung. Die Aufarbeitung der eigenen Anteile an der Situation, Vergebungsarbeit, Gebete und die Kraft der Stille helfen dann anschließend, wieder in Frieden zu kommen.

Leben in der Weite und Höhe

Achte auf deine Gedanken
denn sie werden deine Worte

Achte auf deine Worte
denn sie werden deine Handlungen

Achte auf deine Handlungen
denn sie werden deine Gewohnheiten

Achte auf deine Gewohnheiten
denn sie werden dein Charakter

Achte auf deinen Charakter
denn er wird dein Schicksal[23]

23 Klosterinschrift in England nach Ulrich Warnke. Manchmal wird auch gesagt, es sei aus dem Talmud oder es sei ein chinesisches Sprichwort.

Dass das, was wir tun, wirkt, ist uns verständlich. Auch dass Worte wirken, ist klar. Selbst Gefühle und ihre Wirkungen erfahren wir deutlich. Unsere Gedanken scheinen uns oft Realität zu sein. Unsere Gedanken erzeugen Realität. Wir folgen dem, was wir für wahr halten.[24] Das, was auch wirkt für uns und für alles, was uns umgibt, sind unsere tiefsten inneren Überzeugungen. Und gerade die, die wir als Wahrheiten betrachten, die unumstößlich für uns sind, erzeugen eine entsprechende Lebensstruktur. So können Überzeugungen, die unsere Identität ausmachen, nach dem Motto: „So bin ich nun mal," oder stärker noch: „Das bin ich," oder: „So ist die Welt nun mal," auch: „So ist es mit der Liebe," großes Leid verursachen. Wir fixieren uns selbst dadurch und schränken uns ein, wir limitieren uns. Sie verdecken unser wahres Wesen und unsere Möglichkeiten. Wir gehen damit in eine Opferrolle, weil wir diese Überzeugungen und Identifikationen aus der Vergangenheit nähren, denn die Vergangenheit ist verbunden mit der Geschichte unserer Verletzungen, Schmerzen und Traumata. Solange wir sie nicht hinter uns lassen und wahrhaft integrieren, sind sie virulent, können jederzeit in die Gegenwart hineinspringen und uns in den alten Schmerz hineinziehen. Dann sind wir gleichsam nicht mehr gegenwärtig, sondern schnellen zurück in das alte, immer wiederkehrende Elend. Gerade belastende Gedanken und Gefühle machen uns angestrengt, müde und können sogar körperliche Schmerzen oder Erkrankungen verursachen. Wir sollten deshalb nicht die Mühe scheuen, psychohygienisch aufzuräumen und uns

24 „Bewusstsein lässt die Wellenfunktion im Meer der Möglichkeiten kollabieren und es entsteht ein Teilchen (Realität)." Dr. Ulrich Warnke

zu befreien von alten Wunden, mit denen wir identifiziert sind. Erst dann erschließen sich uns neue Horizonte und unser wahres Potenzial kann lebendig hervorsprudeln.

Manchmal braucht es etwas Zeit. Die Entfaltung der Potenziale und die dann aufblühende Schönheit, Lebendigkeit und Liebe sind wunderbar. Das bedeutet auch immer Lebensqualität und Erfüllung und somit auch bessere Gesundheit.

Glücklicherweise hat uns die Epigenetik, das ist die Lehre davon, wie sich unser Erbgut verändert, ohne dass die DNA-Sequenz verändert wird, gezeigt, dass selbst unser genetisches Programm nicht irreversibel abläuft, sondern auch durch Umweltfaktoren und Überzeugungen beeinflusst wird oder inaktiv bleibt. Wir aktivieren selbst einen Teil aus der unendlichen Anzahl genetischer Informationen und Kombinationen. Neuere Forschungen haben deutlich gemacht, dass Zellen auf das innere Wirken unserer Gedanken, Überzeugungen und Gefühle genauso reagieren wie auf die äußere physische Umgebung.

Auch quantenphysikalische Erkenntnisse zeigen die Relativität der materiellen Wirklichkeit als ein energetisches Zusammenspiel von Geist und Information. Nahm man früher an, dass der Beobachter eines Experiments neutral sei und keinerlei Einfluss auf das Experiment habe, weiß man heute, dass der Beobachter sehr wohl Einfluss auf die Materie hat. Ja, die Materie selbst erscheint als etwas anderes, als die klassische Physik sagte, wenn wir Max Planck, Träger des Nobelpreises für Physik 1918 und Begründer der Quantenphysik, folgen:

„Meine Herren, als Physiker, der sein ganzes Leben der nüchternen Wissenschaft, der Erforschung der Materie widmete, bin ich sicher von dem Verdacht frei, für einen Schwarmgeist gehalten zu werden.

Und so sage ich nach meinen Erforschungen des Atoms dieses: Es gibt keine Materie an sich.

Alle Materie entsteht und besteht nur durch eine Kraft, welche die Atomteilchen in Schwingung bringt und sie zum winzigsten Sonnensystem des Alls zusammenhält. Da es im ganzen Weltall aber weder eine intelligente Kraft noch eine ewige Kraft gibt – es ist der Menschheit nicht gelungen, das heißersehnte Perpetuum mobile zu erfinden – so müssen wir hinter dieser Kraft einen bewussten intelligenten Geist annehmen. Dieser Geist ist der Urgrund aller Materie. Nicht die sichtbare, aber vergängliche Materie ist das Reale, Wahre, Wirkliche – denn die Materie bestünde ohne den Geist überhaupt nicht –, sondern der unsichtbare, unsterbliche Geist ist das Wahre! Da es aber Geist an sich ebenfalls nicht geben kann, sondern jeder Geist einem Wesen zugehört, müssen wir zwingend Geistwesen annehmen. Da aber auch Geistwesen nicht aus sich selber sein können, sondern geschaffen werden müssen, so scheue ich mich nicht, diesen geheimnisvollen Schöpfer ebenso zu benennen, wie ihn alle Kulturvölker der Erde früherer Jahrtausende genannt haben: Gott! Damit kommt der Physiker, der sich mit der Materie zu befassen hat, vom Reiche des Stoffes in das Reich des Geistes. Und damit ist unsere Aufgabe zu Ende, und wir müssen unser Forschen weitergeben in die Hände der Philosophie.“[25]

25 Mit freundlicher Erlaubnis des Archivs der Max- Planck-Gesellschaft Quelle: Archiv zur Geschichte der Max-Planck-Gesellschaft, Tgb.-Nr.: 1061/17

Oder wie es Hans-Peter Dürr, Schüler Heisenbergs und Direktor des Max-Planck-Instituts für Physik und Träger des alternativen Nobelpreises, in einem Interview sagte: „Im Grunde gibt es Materie gar nicht. Jedenfalls nicht im geläufigen Sinne. Es gibt nur ein Beziehungsgefüge, ständigen Wandel, Lebendigkeit. Wir tun uns schwer, uns dies vorzustellen. Primär existiert nur Zusammenhang, das Verbindende ohne materielle Grundlage. Wir könnten es auch Geist nennen. Etwas, was wir nur spontan erleben und nicht greifen können. Materie und Energie treten erst sekundär in Erscheinung – gewissermaßen als geronnener, erstarrter Geist. Nach Albert Einstein ist Materie nur eine verdünnte Form der Energie. Ihr Untergrund jedoch ist nicht eine noch verfeinerte Energie, sondern etwas ganz Andersartiges, eben Lebendigkeit. Wir können sie etwa mit der Software in einem Computer vergleichen."[26] Ich erinnere mich an einen seiner Vorträge nicht lange vor seinem Tod, in dem er durch seinen wunderbaren Humor brillierte und sinngemäß erzählte, dass ihn Freunde gefragt hätten, wie es sich denn für ihn anfühle, dass er jahrzehntelang etwas erforscht habe, was es ja gar nicht gäbe, nämlich die Materie. Er lächelte breit und wirkte sehr heiter. So zeigt sich hier humorvoll auf die Spitze getrieben und doch auch irgendwie wahr, wie sehr sich das Wissen davon, was bisher als knallharte Materie betrachtet worden ist, verändert hat.

Unser Körper braucht Materie, Wasser, Essen, Bewegung, Luft, Kleidung. Das ist eine alltägliche Wahrheit für uns. Das Aufregende und Neue und doch auch so Alte ist: Wir können also mit unserem Geist etwas für uns tun.

---

26 Mit freundlicher Erlaubnis von P. M. Magazin, Stefan Draft, P.M. Magazin 05/2007 Interview mit Prof. Dr. Hans-Peter Dürr, Geist und Materie

Durch diese naturwissenschaftliche Unterstützung dürfen wir uns völlig neu sehen. Wir können in der Konsequenz erkennen, dass wir geistige Wesen sind, die ihren Ursprung in der geistigen Welt haben. Nehmen wir diese Höhe in unser Leben hinein, in die Vertikale, entwickeln sich völlig neue Möglichkeiten.

Wir dürfen uns entspannen. Unsere Essenz ist immerwährend mit der göttlichen Quelle verbunden. Da herrscht keinerlei Mangel. Durch Entspannung, am besten gleich bis tief in die Meditation, kann das zum Vorschein kommen, was uns und unser Leben heilt und sinnvoll macht.

Es geht nicht darum, was wir haben wollen, wonach unser Ego greift, sondern es geht darum, was wir zutiefst in unserem Wesen wollen. Entlang dieser Kraft keimen unsere Fähigkeiten auf und Situationen und Menschen wachsen gleichsam in unser Leben hinein. Das Leben selbst antwortet auf uns. Es will, dass wir das, was wir sind, leben. „Unser Leben ist das Feedback an die göttliche Quelle," so sagte es Pir Vilayat Inayat *Khan gerne.* So entstehen kreative Antworten. Was wir jetzt noch nicht sehen können, dessen werden wir uns in einem lichtvollen Bewusstsein gewahr und es entstehen Möglichkeiten, die unser Potenzial zur Verwirklichung führen. Wenn wir dagegen Widerstände aufbauen, schmerzen sie uns. Das Leben drückt sozusagen auf diesen Schmerzpunkt. Wir sind also gefragt zu erkennen, welche Glaubensmuster, Grundüberzeugungen und Gelerntes tief in uns, zuweilen auch sehr unbewusst, den Fluss des Lebens verhindern, der sich da schmerzhaft staut.

Es geht nicht darum, alle egoistischen Wünsche zu erfüllen, alle Krankheiten und Probleme zu beseitigen, denn dafür sind wir nicht hier in dieser physischen Welt. Die Herausforderungen dieses Lebens lassen uns ja gerade genauer hinschauen und erkennen und mitunter lassen sie uns über uns selbst hinauswachsen.

Oftmals ist das leichter gesagt als getan. Wenn sich im Außen Situationen oder Begegnungen mit anderen Menschen ergeben, die uns schmerzen, die fast unlösbar zu sein scheinen, können wir manchmal nicht auf den ersten Blick erkennen, was das mit uns selbst zu tun hat. Dann ist es wichtig, bei seinen täglichen Meditationen zu bleiben, auch wenn es sich anfühlt, als könne man nicht richtig meditieren. Vielleicht gehen wir in diesem Fall in ein Gebet. Wir können uns auf hilfreiche Rituale besinnen, die uns erleichtern und Kraft schenken. Allmählich werden wir ein Gespür dafür entwickeln, was wir selbst mit unseren Schwierigkeiten zu tun haben.

Nun kommt eine weitere Hürde. Diese Erkenntnis, was die Schwierigkeiten mit uns selbst zu tun haben, brauchen wir nicht mit Schuld oder Minderwertigkeit zu verbinden. Wir brauchen nicht auf uns zu schimpfen. Nehmen wir uns besser so an, wie wir sind und helfen wir uns zu lernen und zu wachsen, noch stärker in unseren lichtvollen Seiten zu werden. Wir sind an Grenzen gestoßen und lernen gerade dazu. Das beinhaltet auch, diese Grenzen anzunehmen. Und dann dehnen wir sie aus. Alle Gefühle dürfen sein. Es ist wichtig, sie wahrzunehmen, ohne sie zu bewerten, um sie hierauf an die lichtvolle geistige Welt zu übergeben. Wir können mit Engeln kooperieren oder auch direkt mit der *Göttlichen Quelle.* Unter diesem ersten Gefühl wird ein weiteres Gefühl hervorkommen. Auch das will gefühlt werden und darf hinterher übergeben werden. So geht es weiter, bis ein freies, klares Sein zum Vorschein kommt, das Licht der Seele. Es erstrahlt in einer gewissen Zeit- und Raumlosigkeit. Schließlich können wir deutlich das Göttliche wahrnehmen. Begriffe dafür zu finden ist schwierig.

Es gibt die horizontale und die vertikale Dimension in unserem Leben. Das Kreuz symbolisiert das. Wir leben mit unseren Taten, Worten und unserer Sprache in der horizontalen Dimension. In ihr sind Vergangenheit und Zukunft. Man braucht Zeit, um etwas zu tun. Den meisten Menschen ist nur diese Dimension vertraut. In der vertikalen Dimension ist das Jetzt und Stille. Da ist kein Blick auf Vergangenheit oder Zukunft. Mir ist aufgefallen, dass manche Menschen in ihrer spirituellen Praxis einen bestimmten Zustand erreichen wollen oder in stille Meditation gehen, um etwas zu erreichen. Damit befinden sie sich in der Horizontalen. Das, wonach sie sich sehnen, ist aber nicht in der horizontalen Dimension zu finden. Es ist in der vertikalen Dimension der Gegenwärtigkeit zu finden, in der Intensität der Stille und des Jetzt. Die Vertikale ist Sein, die Horizontale ist Aktivität. Das Göttliche, das Sein, Raum- und Zeitlosigkeit finden wir nur in der vertikalen Dimension.

Das Göttliche wahrnehmen

„Der Mensch muss aus allen Bildern und aus seinem Ich rausgehen und all dem gar fern und ungleich werden, wenn er der Sohn werden will, in des Vaters Herzen".

MEISTER ECKHART

Wenn wir auf dieser hohen Ebene die Untrennbarkeit von Gott in uns wahrnehmen, wissen wir um die Unzerstörbarkeit unserer Essenz. Solche Momente sind voller Frieden und Stille. Letztendlich kann man sie nicht beschreiben. Ihr Leuchten strahlt weithin in den Alltag hinein. Die banalsten Situationen sind voller Anmut, Schönheit und Liebe. Jeder Einkauf im Lebensmittelladen, jedes Warten an der Kasse ist verzaubert, voller Zuneigung. Und es ist, als ob dieses Leuchten auf die anderen Wesen überspringt. Tiere verlieren ihre Scheu und werden zutraulich, fremde Menschen lächeln und grüßen, Kinder wollen mit einem spielen, Pflanzen blühen üppiger. Es ließe sich weiter aufzählen, was dann an Resonanzreaktionen möglich ist. Immer noch im gleichen Lebensumfeld, hat sich doch alles verändert und das Leben antwortet freundlich. Es ist ein Wissen um Zusammenhänge, anwesend bei all dem Geschehen. Das, was schwieriger wird, ist die sprachliche Umsetzung dessen, was da geschieht. Und es ist eine Frage der Bewusstseinsentwicklung, wie lange diese Phänomene stabil bleiben und wann das Zurücksinken auf die gewohnte Ebene geschieht. Dort führt wieder stärker das Ego Regie. Die Welt verliert im Alltag wieder das Leuchten, genauer gesagt sind wir es selbst, die das Leuchten verlieren, obwohl es immer da ist. Die wundervollen Phänomene treten zurück und warten auf unsere abermalige Bewusstseinsöffnung.[27] Dabei zeigt sich deutlich, dass die Welt nicht so ist, wie wir sie wahrnehmen, sondern immer ein Spiegel unseres Bewusstseins ist. Alle Ebenen stehen uns zur Verfügung, da sind wir in der Gotteskindschaft. Wir erreichen diese Ebenen aber nicht durch Müssen und Sollen. Es ist ein Öffnen, ein Zulassen und Gnade.

Eindrucksvolle Erfahrungen zu diesen Ebenen sind die Nahtoderfahrungen (NTE) vieler Menschen, die unterschiedlich und doch in der Systematik gleich sind. Nicht jede NTE enthält alle Anteile, die möglich sind und doch sind sie identifizierbar. Interessant ist auch das veränderte Sein der Menschen, die solche Erfahrungen gemacht haben. Es gibt unterschiedliche Situationen, in denen diese Erfahrungen gemacht werden wie Todesnähe, klinischer Tod, Koma, Schocksituationen, Narkose, intensive Meditation.

Begleitet werden diese Erfahrungen von Wissend-Sein, nichtsprachlicher Kommunikation, absoluter Klarheit und Hyperrealität und Körperlosigkeit.

---

27 „Göttliche Kraft wirkt spontan, genau zeitlich abgestimmt und aus einer höher schwingenden, allumfassenden Wissendheit heraus; die Entfaltung der Wirkmacht zu erlauben, ist eine enorme Herausforderung für das Ego. Keine Person vollbringt Wunder. Wundersames ist die Folge der Anwesenheit der GOTTHEIT als das SELBST. Alles geschieht von selbst ohne äußere Ursache. Dinge treten zu Tage, wenn das Feld reif ist.“
Dr. med. David R. Hawkins, gefunden bei http://www.truevoices.de/TRUEVOICES.Seelengesang.Zitate.htm 21.3.2017
„Wirkmacht / Kraft erhält sich selbst, indem sie stetig immer mehr Energie aus dem Göttlichen empfängt; sie ist die Folgeerscheinung der Ausrichtung auf den göttlichen Willen. Diese Kraft entspringt nicht der Persönlichkeit (Ego), sondern dem Reich des Unmanifesten. Das bedeutet, dass ein Mensch diese Macht / Kraft nicht hat, sondern sich lediglich als Kanal für göttliche Wirkmacht zur Verfügung stellen kann. Für das Ego ist das Bedrohliche daran sein scheinbarer Kontrollverlust, der damit einhergeht.“
Dr. med. David R. Hawkins, gefunden bei http://www.truevoices.de/TRUEVOICES.Seelengesang.Zitate.htm 21.3.2017

Persönliche Bewusstseins- und Seelenerfahrungen

Zeitloses Rauschen

der blauen Ewigkeit

gibt und nimmt

ohne Unterschied

mal voll der Gnade

mal gänzlich ohne Geborgenheit

ausgesetzt

uralten Gesetzen

die jeder kennt

niemand erfasst

ergriffenes Schweigen

Um diese Wahrnehmung zu erläutern, beschreibe ich eine persönliche Erfahrung, die ich in einen lebensgeschichtlichen Kontext stelle. Sie enthält die Essenz dessen, um was es mir geht. Später gehe ich auch auf allgemeinere Forschungsergebnisse ein.

Durch mein Leben zieht sich ein Band, das immer wieder mit dem Thema Bewusstsein und Seele zu tun hat. Als Kind schaute ich mir einen von meinen Eltern frisch renovierten Raum an, trat einen Schritt zurück und hatte dabei hinter meinem Rücken meine Hände gefasst. Ich griff damit unabsichtlich in die lose Steckdose und bekam einen Schlag. Ich schwebte hoch oben im Raum, flog jubilierend über meinen besorgten Eltern. Der Schrei meiner Mutter, als sie laut und mit all ihrer Liebe für mich meinen Namen rief, ließ mich wieder landen. Ich verstand damals gar nicht die Aufregung. Natürlich habe ich mich in großer Gefahr befunden. Mir ging es aber blendend.

Während meine Eltern um das ohnmächtig gewordene Kind knieten und in Sorge um mich waren, hatte ich meine erste außerkörperliche Erfahrung und sie war so schön, dass ich lange Zeit wieder so fliegen wollte. Von da an interessierte ich mich für alles, was hintergründig in unserem Leben geschieht. Ich hatte den Unterschied zwischen meinem Körper und etwas, das ich als Kind nicht benennen konnte, entdeckt.

Bei Wilhelm Busch fand ich in der Darstellung der „Frommen Helene“ die Getrenntheit von Körper und Seele, als Helene stirbt. Diese Darstellung schaute ich mir sehr gerne, lange und immer wieder an.

Mit zwölf Jahren begegnete ich unvorbereitet einer Lichtgestalt, die so mächtig, hell und gleichzeitig liebevoll war, dass ich Jahre brauchte, um dieses Ereignis zu integrieren. Leider gab es niemanden, der mich verstand und so zog ich es vor, darüber zu schweigen. Außerdem hatte ich die Lichtgestalt selbst so verstanden, nicht über diese Erfahrung mit anderen zu sprechen. Als junge Erwachsene verstand ich dann allerdings, dass etwas Anderes gemeint gewesen war. Das „Verrate das nicht“ bezog sich auf mein Leben. Es ging darum, in meinem Leben diese Lichtkraft nicht zu verraten, sondern entsprechend zu leben und zu reden. Es ist seitdem eine immerwährende Herausforderung.

Ich beschäftigte mich mit Fragen des Bewusstseins. Ich probierte Hypnose aus, naja, jedenfalls so, wie ich mir das vorstellte. Meine kindlichen Versuche mit einer Freundin verliefen im Sande. Mit 14 Jahren begann ich einen Yoga-Kurs zu besuchen, in dem wir abschließend meditierten. Ich war glücklich. Endlich hatte ich etwas gefunden, das mir sinnvoll erschien.

Mein Theologie-, Psychologie- und Kunststudium hatten auch etwas damit zu tun. Mir war nur gar nicht klar, warum ich ausgerechnet diese Fachrichtungen wählte. Oftmals war es so, dass ich auf meinem Weg Schritte unternahm, deren Bedeutung oder Tragweite ich nicht sofort erkannte. Es wurde vielmehr ein Faden gesponnen, der mich zog. Heute würde ich sagen, die Affinität meines Seelenplans wurde dann so stark, dass ich nicht anders konnte, als diesen Schritt zu tun. Ich wurde wie ein Metallspan von einem Magneten angezogen. Selbstverständlich gab es auch immer rationale Gründe. Das Eigentliche lag aber tiefer als das.

Vergleichende Religionswissenschaften wurden Türöffner für mich. In einem Seminar über Hinduismus bekam ich die Bhagavad Gita in meine Hände und sollte meine Semesterarbeit über sie schreiben. Ich erinnere mich, dass ich gar nicht mehr aufhören konnte zu lesen. Ich saß in meiner Studentenbude, las und weinte abwechselnd, weil ich die Wahrheit, welche die Gita vermittelt, erkannte und sie mich tief erschütterte. Meine christlichen Räume wurden mit Frischluft und Licht versorgt, Türen und Fenster weit geöffnet.

Meine Meditationen wurden sehr wichtig. Ich traf unterschiedliche Lehrer und Lehrerinnen. Sie traten in mein Leben ein. Ich suchte sie nicht. Ich hätte ja gar nicht gewusst, wonach ich hätte suchen sollen.

So saß in einem Seminar in vergleichender Religionswissenschaft ein Kommilitone, der behauptete, Menschen könnten während der Meditation fliegen. Ich weiß noch, dass der Professor antwortete: „Nun gut, solange Sie meine Kinder nicht wegfliegen lassen, machen Sie das." Ich ließ mich in diese Meditationsübung einweisen.

So ging es zu unterschiedlichen Meditationstechniken weiter. Ich begegnete Lehrern, denen ich mich bis heute zutiefst in Dankbarkeit verbunden fühle. Sie eröffneten mir neue Horizonte. Sie machten mich vertraut mit den größten Kostbarkeiten der menschlichen Seele. Einer der wichtigsten war ein Nada Yoga Meister, durch den ich über 25 Jahre geschult worden bin.

Die Bereitschaft, selber zu dienen und andere Menschen zu unterrichten, förderte mich noch einmal ganz anders. Eine Führung festigte sich. Meine Intuition wurde zuverlässig. Sie vermittelte gleichsam zwischen unterschiedlichen Seinsebenen. Ich wollte den Schülern keine Antwort schuldig bleiben und begann, mit ihnen zu meditieren. Ganz einzigartiges Vertrauen und wunderbare stille Situationen entstanden inmitten der lauten Schule.

Abends unterrichtete ich Erwachsene in Meditation. Sie waren sehr durstig nach diesen Zugängen in ihr eigenes Licht und das der geistigen Welten. Bald waren auch die Wochenenden ausgebucht.

Konsequenterweise bot einer meiner Lehrer sozusagen vor meiner Haustür ein Programm an, das er „Spirituelle Wegbegleitung" nannte. Es lag auch genau auf meinem geistigen Weg. Ich erweiterte meine Kompetenz durch Schulungen in psychotherapeutischen Lehrgängen. Die mir wichtigste Form war schlussendlich die Kunsttherapie, in der sich nonverbaler, bildhafter Ausdruck, menschliches Ringen, das Wissen der Seele und ein menschlicher Konflikt oder eine Störung m. E. sehr klar ausdrücken und therapieren lassen.

In meiner Praxis für Kunsttherapie und spirituelle Wegbegleitung lernte ich, die Schönheit der menschlichen Seele durch alle verbergenden Verkrustungen hindurch zu erkennen.

Ein weiterer Schritt lag hierauf folgerichtig auf meinem Weg. Ich genoss Schulungen in dem großen Feld des geistigen Heilens bei sehr guten und namhaften Lehrerinnen. Alles entwickelte sich zu meiner Dankbarkeit. Ich war nicht mehr alleine in meiner Wahrnehmung, ich konnte mich mit anderen austauschen und meine Fähigkeiten profund ausbilden und an andere Menschen hilfreich weitergeben.

Irgendwann ging ich dann in eine Ausstellung, in der buddhistische Reliquien gezeigt wurden. Die Ausstellung nannte sich „Maitreya Loving Kindness Tour“. In ihr wurden sogenannte Ringsel aus mehreren Jahrtausenden ausgestellt. Das sind von hohen Lamas willentlich im Gehirn oder Blut produzierte, meistens runde Gebilde. Mich haben sie an kleine rundgeschliffene Bergkristalle erinnert. Das ist ja schon enorm, dass ein Mensch solche Ringsel willentlich entstehen lassen kann. Diese Reliquien sind auf den Wunsch des Dalai Lama hin aus aller Welt zusammengetragen worden, nachdem sie während der Klosterzerschlagungen von mutigen Nonnen und Mönchen unter Einsatz ihrer Leben aus Verstecken in den Klöstern gerettet worden waren. Sie wussten um die einzigartige Kostbarkeit dieser Reliquien. Die Idee hinter der Ausstellung, die durch die ganze Welt gereist ist, war, etwas für den Weltfrieden zu tun und mithilfe dieses kostbaren Erbes das Bewusstsein der Menschen anzuheben. Ich habe es so verstanden, dass diese Ringsel sozusagen Bodenstationen sind, durch welche die jeweiligen Lamas noch heute segensreich wirken können.

Vor den Ringseln konnte man sein Kronenchakra darbieten durch eine Verneigung. Die hohe Energie, die zu strömen begann, trieb mir erst die Tränen in die Augen und dann breitete sich Heiterkeit und Leichtigkeit in mir aus. Die letzte Station war die Möglichkeit, sich von einer Nonne segnen zu lassen. Dazu setzte sie einen goldenen Stupa auf das Kronenchakra und murmelte ein Mantra. Als ich an der Reihe war, den Segen zu empfangen, sah ich im letzten Moment, dass der Stupa im oberen Teil Ringsel enthielt. Ich hatte das Gefühl, sehr lange gesegnet zu werden. Währenddessen zog sich meine Energie wie in einer trichterförmigen Öffnung nach oben über mich hinaus, bei gleichzeitiger felsenfester Erdung. Nach der Segnung fragte ich die Nonne, wessen Ringsel das denn seien. Sie schaute mich erstaunt an. Wahrscheinlich wunderte sie sich, dass ich das nicht wusste. „Ja, Shakyamuni," sagte sie. Shakyamuni ist Siddhartha Gautama, also der Buddha, den wir im Westen als „den" Buddha ansehen.

Mich begleitete wochenlang eine Energie, in der jeder Mensch, die Kassiererin im Supermarkt, jeder auf der Straße als sehr schön, anmutig und voller Liebe von mir wahrgenommen wurde. Alle reagierten mit freundlichen Antworten, einem Lächeln oder einem Gruß. Wilde Tiere verloren vor mir ihre Scheu, ich durfte mich ihnen nähern und sie zeigten mir ihre Klugheit in kleinen Kunststücken, was mich sehr erheiterte. In mir war eine lebendige Stille, in der alle Schönheit, Weisheit, aller Frieden, all das Gute enthalten war, doch kann ich es nicht benennen mit einem Begriff. Irgendwann spürte ich, dass diese Energie wieder ferner wurde. Ich weiß aber, dass sie immer anwesend ist.

Als nächstes stand eine Operation an. Während der Narkose hatte ich ein Erlebnis, welches als Nahtoderfahrung beschrieben werden kann. Ein junger Arzt trat, sobald es möglich war, an mein Krankenbett und fragte mich nach meiner Erfahrung. Er hatte bemerkt, dass da etwas Besonders geschehen war.

Vor der Wirkung der Narkose war mein letzter Gedanke: „Ich begebe mich in Gottes Arme." Was dann geschah, gebe ich logisch nacheinander wieder, obwohl alles keine zeitliche Abfolge hatte. Alles war zeitlos. Dabei war alles hyperreal, realistischer als mein physisches Dasein. Es war alles von großer Wahrhaftigkeit.

Ich war in einem weiten, riesengroßen, lichtdurchfluteten Raum. Der Raum war grenzenlos. Eigentlich war es ein raumloser Raum. Das Licht war hell, warm, angenehm, liebevoll. Es hatte keine Quelle, sondern war überall. Ich fühlte mich zu Hause, angekommen, geliebt, endlos glücklich. Ich wusste, hier ist mein wahres Zuhause.

Ich nahm Lichtgestalten wahr, die in einem Kreis standen. Ganz deutlich vernahm ich an ihnen strömendes Licht, das sie wie in Adern vibrierend und pulsierend durchzog. Ich stand mitten in diesem Kreis, so als würden wir einander die Hände geben. Ich schaute an mir entlang und bemerkte, dass mich das Licht auf die gleiche Art durchströmte. Es gab keinen Unterschied zwischen uns. Wir waren, ja wir sind eine große Lichtfamilie. Hier gehörte und gehöre ich hin. Alles verströmte Liebe. Es war das Schönste, Wunderbarste, was ich bisher erlebt habe. Noch bis heute kommen mir Tränen der Bewegtheit, wenn ich davon erzähle.

Darauf spürte ich, dass ich hinunterströmte durch unterschiedliche Ebenen hindurch. Es war ähnlich wie in einem sehr schnellen Fahrstuhl, der abstürzt. Ich landete auf einer Ebene, auf der es eng, kalt und dunkel war, auf der Ebene des physischen Körpers. Ich wusste, dies ist die Ebene, auf der ich jetzt weiterexistieren werde. Es war schrecklich. Es war das gesamte Leid darin enthalten, das mir bewusst ist. Die scheinbare Getrenntheit von der lichtvollen Ebene war das Schmerzhafteste. Da alle fühlenden Wesen auf dieser Ebene in dieser Welt existieren und unter dieser Dunkelheit, Enge und Kälte zu leiden haben, verdienen sie Mitgefühl.

Mitgefühl ist auf dieser Ebene des Seins von unabdingbarer Wichtigkeit, es ist existenznotwendig. Es ist die Kraft der Transformation und der Transzendierung.

Mein Schrecken war groß, nun hier leben zu müssen. Ich schrie. Ich schrie mit ganzer Kraft. Ein Pfleger schüttelte mich und sagte: „Sie können hier nicht so schreien, die anderen Patienten werden unruhig." Ich schaute ihn wahrscheinlich fassungslos an, war aus der Narkose raus und versank in einen Schlaf.

Diese Erfahrung stand hinter dem körperlichen Geschehen. Der junge Arzt, der mich dann befragte, sagte mir, ich hätte nicht einfach nur geschrien, sondern den Namen meines Mannes geschrien.

Es war noch nicht die Zeit, in meinem Zuhause zu bleiben. Die Verbindung ist jetzt so stark, dass ich hier noch meine Aufgaben erledigen werde. Ich werde noch das sagen, was ich zu sagen habe und ich werde mich in Mitgefühl üben und Menschen helfen zu heilen. Die Liebe zu meinem Mann ist mir hier auf dieser Ebene dabei Anker und Stütze.

Eine interessante Frage ist, ob sich etwas danach und dadurch verändert hat. Ja, es ist noch stiller geworden in meinem Leben. Ich ziehe mich noch lieber zurück und verweile im Jetzt. Der Kontakt zur lichtvollen geistigen Welt ist gestärkt und alle notwendigen Informationen während meiner Arbeit sind sehr klar. Mir ist dieser eine unzerstörbare Strom des Lebens auf dieser Ebene und auf anderen Ebenen sehr bewusst, wobei Geburt und Tod von mir wie Pforten in diese Welt hinein und aus dieser Welt hinaus gesehen werden.

Wissenschaftliche Erkenntnisse aus der NTE-Forschung

Seit Frau Dr. Elisabeth Kübler-Ross und Dr. Raymond Moody in den 1970er Jahren ihre interessanten Erforschungen der Sterbephasen in die Öffentlichkeit brachten, sind immer wieder beeindruckende Nahtoderfahrungen (NTE) veröffentlicht worden. Sehr persönliche Berichte sind gewiss die des Neurochirurgen Eben Alexander: „Blick in die Ewigkeit“ und von Anita Moorjani:“ Heilung im Licht“. Besonders Moorjanis Buch überzeugt durch die Genauigkeit. Sehr verdient hat sich der Kardiologe Pim van Lommel mit seinen langjährigen prospektiven Untersuchungen gemacht, die er in „Endloses Bewusstsein: Neue medizinische Fakten zur Nahtoderfahrung“ veröffentlicht hat. Als erster Wissenschaftler hat er nicht, wie sonst üblich, die Erfahrungen erst viel später abgefragt, sondern hat seine Patienten, die während eines herzchirurgischen Eingriffs einen Herzstillstand hatten und klinisch tot waren, sofort befragt und dann noch einmal 14 Jahre später. Er kommt zu dem wichtigen Schluss, so lautet auch der Titel seines Buches, dass es ein nichtlokales „endloses Bewusstsein“ gibt. Er selbst erzählt, dass er als junger Arzt, der solchen Erfahrungen keinen Raum und Wert gab, nie etwas darüber von Patienten erfuhr. Einer sagte: „Sie wären der Letzte, dem ich davon erzählen würde.“ Erst, als er sich dafür zu öffnen begann, hörte er von diesen Erfahrungen, seine Patienten brauchten sich nicht mehr vor seinen ablehnenden Reaktionen zu schützen.

Immer wieder ist die Rede von ganz bestimmten Phasen bei diesen Nahtoderfahrungen (NTE). Allerdings müssen sie nicht in einer bestimmten Reihenfolge auftreten und es können auch Phasen übersprungen werden.

Unterschiedliche Forscher haben jeweils andere Aspekte der NTE hervorgehoben und tragen so zu einem Mosaik bei, das die Komplexität des Geschehens zeigt. Jedoch wird jedem Menschen, der eine solche Erfahrung gemacht hat, die Einzigartigkeit seiner individuellen Erfahrung deutlich sein. Er wird sich auch der großen Schwierigkeit, das Erlebte in Worte zu fassen, bewusst sein und eine Kategorisierung wird ihm unwesentlich vorkommen.

Unser Denken möchte aber gerne alles kategorisieren. Dazu zerlegt es das Ganze. Heraus kommen zwölf Phasen bei Pim van Lommel, die ich an dieser Stelle nur kurz erwähne, weil ich seiner detaillierten Arbeit hier nicht gerecht werden kann.

Das Unaussprechliche, das, was jenseits unseres normalen Erfahrungshorizontes liegt.

Das Gefühl des Friedens und der Ruhe; Befreiung von Schmerzempfindungen

Die Erkenntnis, tot zu sein

Ein Verlassen des Körpers und eine außerkörperliche Erfahrung

Dunkler Raum, Tunnelerlebnis, bei dem man von einem Licht angezogen wird

Außerweltliche Umgebung voller Schönheit

Begegnung und Kommunikation mit Verstorbenen

Begegnung mit einem Licht oder einem Wesen aus Licht

Lebensschau oder Rückblick auf das eigene Leben

Ausblick, Vorschau über das eigene Leben

Wahrnehmen einer Grenze, die man nicht überschreiten darf

Bewusste Rückkehr in den Körper, die meistens als sehr unangenehm empfunden wird

Die Menschen verspüren auf einmal keinerlei Schmerzen mehr und sind erleichtert. Manche sind außerhalb ihres Körpers, sehen sich von oben und erkennen ihren Körper, mit dem sie sich nicht mehr identifizieren. Sie können später ganze Gespräche und Handlungen Anwesender wiedergeben.

Es kann ein Tunnelphänomen auftreten, durch das sie fliegen. Sie werden oft dabei von einem Licht am Ende des Tunnels angezogen.

Sie können in eine jenseitige, außerweltliche Dimension eintreten. Manchmal nehmen sie schöne Farben einer malerischen Landschaft und herrliche Musik wahr. Sie können bereits verstorbenen Menschen, die sie sehr geliebt haben oder mit denen sie verwandt sind, begegnen. Bei manchen Menschen war es sogar so, dass ihnen Verwandte begegneten, von denen sie nicht wussten, dass sie bereits gestorben waren oder aber auch, dass es ihre Verwandten waren.

Ihnen kann ein Licht oder ein Lichtwesen begegnen, in dessen Gegenwart sie bedingungslose Liebe erfahren. Sie verfügen über immense Weisheit und bekommen Antworten auf alle Fragen – manchmal, bevor sie sie gestellt haben. Es herrscht sozusagen Telepathie.

Manche erleben eine Lebensrückschau. Alle Gedanken, Worte und Taten, auch die anderer Menschen, werden empfunden. Aufgrund dieser Rückschau beurteilt man sich selbst. Oft steht man nun vor einem hellen Licht und spürt die bedingungslose Liebe, die von diesem Licht ausgeht. Und in diesem Licht erkennt man seine Defizite, die man gelebt hat. Also nicht das Licht, sondern der Mensch selbst beurteilt sich.

Manche Menschen konnten einen Blick auf die Zukunft werfen: "flash forward".

Manche kommen an eine Grenze und wissen, dass sie endgültig nicht mehr in ihren Körper zurückkehren können, wenn sie diese jetzt überschreiten. Hier werden Menschen weggeschickt, für die noch nicht die Zeit für diesen Schritt gekommen ist.

Sie kehren in den Körper mit all den Schmerzen und Einschränkungen zurück. Die Rückkehr wird meistens als schrecklich erlebt.

Das sind nach den Studien Pim van Lommels die zentralen Elemente einer NTE – aber nicht alle Menschen erleben sie vollständig. Manche erleben drei oder vier, andere wiederum sieben oder acht dieser Elemente.

Wesentlich und tief beeindruckend sind die Beschreibungen spiritueller Natur, die oft dazu führen, dass die Menschen etwas sehr Wesentliches in ihrem Leben oder das menschliche Leben überhaupt besser verstehen und sich dadurch ihr Leben nach ihrer Rückkehr zu ändern beginnt. Zum Beispiel werden all ihre Fragen beantwortet oder ein Wissen über alles, über alle Zusammenhänge wird ihnen gegeben. Sie können sich daran erinnern, verlieren aber die konkreten Antworten wieder. Es bleibt ein Gefühl dafür. Auch die Erfahrung bedingungsloser Liebe ist eine starke Kraft der Wandlung. So kann auch die Schau des eignen Lebensweges und seiner Folgen für sich selbst und andere Menschen zu einer starken Veränderung führen. Die transformative Natur dieser Erfahrungen ist sehr ausdrücklich. Sie verlieren die Angst vor dem Tod. Sie gewinnen eine andere Sicht auf das Leben. Ihre Liebe zu sich selbst und zur Natur ist gewachsen. Eine erhöhte Sensitivität stellt sich ein. Sie sind nicht mehr bereit, faule Kompromisse einzugehen. So kommt es, dass sich nach solchen Erfahrungen auch Beziehungen zu ändern beginnen, manche Beziehungen sogar beendet werden.

Diese NTE sind möglich gewesen, obwohl das Gehirn mancher Patienten nicht mehr arbeitete, da sie klinisch tot waren. Das sind wichtige Hinweise auf die Natur unseres menschlichen Bewusstseins. Es scheint nichtlokal und unendlich zu sein.

Ganz wesentlich ist in diesen NTE, dass sich die Menschen nicht mit ihrem Körper identifizieren, sich ohne ihn sogar deutlicher wahrnehmen. Die Erweiterung des Bewusstseins beginnt gleichsam mit dem Ende der körperlichen Begrenztheit.

Diese tiefen, lichtvollen Erfahrungen werfen ein transformierendes und transzendierendes Licht auf unser Sein. Obwohl sie nicht mit ihrem Körper verbunden sind, erleben sich auch Hirntote essentiell selbst. Es gibt also ein nichtlokales Bewusstsein. Das Leben wird sinnvoller durch das Erkennen sonst verborgener Zusammenhänge. Der Tod wird ein Übergang, der seinen Schrecken verliert. Vieles, was sonst finster, geheimnisvoll und eventuell beängstigend wirkt, stellt sich in diesem Licht als sinnvoll dar. Wenn die Seele nicht sterblich ist, sondern im göttlichen Licht beheimatet ist, ja dann haben die alten fernöstlichen Lehrsysteme doch recht, wenn sie von Inkarnationen sprechen. Die Persönlichkeit der Säuglinge, die sie mitgebracht zu haben scheinen, das Gefühl, dass sie keine unbeschriebenen Blätter sind, erklärt sich so sinnvoll.

Die Einblicke in die Zukunft kann man so verstehen, dass Zeit in der geistigen Welt keine Rolle spielt. Unsere Begriffe von Zeit sind aufgehoben. Ich las in diesem Zusammenhang irgendwo einen berührenden Satz. Er lautete: „Ich wurde geheilt, weil jemand in der Zukunft für mich betete."

Da sind große Felder wirksam. Die Vorstellung einer linear verlaufenden Zeit bricht in diesen geistigen Dimensionen zusammen. Und doch bleibt sie insofern bestehen, als dass wir, zurück in dieser Dimension auf Erden, das Erlebte in eine zeitliche Abfolge einsortieren. Wir können das Erlebte anders kaum begreifen. So wird die zeitliche Abfolge des Erlebten, sobald wir sie in das alltägliche Bewusstsein und die logische Sprache übersetzen, linear.

Natürlich ist der Tod als ein Abschiednehmen von einem geliebten Menschen immer auch ein trauriges Ereignis. Wir brauchen dann liebevolle Gemeinschaft und Raum für uns, Mitgefühl und Akzeptanz. Jede Trauer ist anders. Das ist ein sehr individuelles Geschehen. Die Alten sagten, es dauere ein Jahr, bis die Trauer milder werde. Im Laufe dieses ersten Jahres wird man an bestimmten Tagen, wie Familienfesten, Geburtstagen und zu ähnlichen Anlässen an den uns fehlenden Menschen sehr erinnert. Die Wellen der Trauer werden nach einem Jahr meistens sanfter und glätten sich. Wenn wir darum wissen, dass es der anderen Seele gut geht, mag uns das trösten.

Durch die NTE bewahrheitet sich, dass es hier und dort um Lernerfahrungen und Durchlichtung geht. Auf diesem Entwicklungsweg finden wir den Sinn unseres Lebens. Die Beliebigkeit unseres Lebens, Langeweile und Orientierungslosigkeit haben hier definitiv ein Ende. Angesichts dieser Erfahrungen eröffnet sich eine sinnvolle und lichtvolle Perspektive auf das menschliche Leben hier und dort. Da könnte man, wie Marcus Schmieke in einem seiner Vorträge schmunzelnd fragte, ausrufen: „Wie komme ich denn jetzt mal an eine Nahtoderfahrung?“ Man kann diese Erfahrungen aber nicht willentlich, absichtlich hervorrufen. Es sind Geschenke, die mit großem Respekt zu behandeln sind.

Geistige Heilung mit Hilfe der Engel

Wir können auch, da diese Erfahrungen eben etwas Besonders bleiben und wir nicht beliebig über sie verfügen können, einen anderen Schritt wagen, nämlich den in die geistige Heilung. Wir können die Freundlichkeit und bedingungslose Liebe der Engel selbst erfahren. Wir können ihre Wohltaten erleben in Stunden geistiger Heilung, während einer Engelheilung. Ihre einfühlsamen und klugen Worte über die jeweiligen Fragen zum eigenen Leben und ihr energetisches Wirken, die Heilung und Transformation bewirken, können jetzt und hier erlebt werden.

Diese geistigen Heilungen sind sehr persönlich und berührend. Sie können deshalb aus Gründen der Diskretion nicht dargestellt werden. Mir liegt aber daran, einige praktische Wegweiser zu geben.

TEIL II

Kleine Geschichten, Meditationen und Übungen

Ich lebe mein Leben in wachsenden Ringen

Ich lebe mein Leben in wachsenden Ringen,
die sich über die Dinge ziehn.
Ich werde den letzten vielleicht nicht vollbringen
aber versuchen will ich ihn.
Ich kreise um Gott, den uralten Turm,
und ich kreise jahrtausendelang;
und ich weiß noch nicht: bin ich ein Falke, ein Sturm
oder ein großer Gesang.

Rainer Maria Rilke (Aus dem Stundenbuch, erschienen 1905)

Um all das zu veranschaulichen, was ich im ersten Teil beschrieben habe, erzähle ich nun aus meiner Arbeit als geistige Heilerin mit Hilfe der Kraft der Engel. Ich erzähle dafür kurz anonymisierte Fallbeispiele und gebe jeweils eine heilende oder hilfreiche Meditation oder Übung dazu. Die Anrede „Liebe Freundin" könnte ebenso gut „Lieber Freund" lauten. Es sind keine Engelheilungen, weil diese zu individuell und vertraulich sind. In ähnlichen Situationen oder wenn man sich angesprochen fühlt, kann man diese Meditationen oder meditativen Übungen getrost ausprobieren. Sie sind extra so entwickelt. Auch das Durchlesen hebt dein Gewahrsein und du kommst leichter zu dir. Wichtig ist, sie ganz in Ruhe und sehr langsam zu machen. Spüre deinen Körper dabei, bleibe ruhig, visualisiere deutlich und mach es mit Hingabe. Jeder einzelne Schritt braucht Zeit. Auch wenn manche einfach anmuten, so liegt doch viel Wirkkraft in ihnen.

Gleichwohl weise ich noch einmal darauf hin, dass stille Meditation immer vorzuziehen ist. Nämlich die Meditationen, in denen die Anwesenheit von etwas Größerem, die Gegenwart des Lichtes, die Präsenz der Liebe aus der Stille heraus erfahren wird.

Es kann jedoch sein, dass der unruhige Geist Bilder und Worte als Anker braucht, um sich überhaupt zu beruhigen, geführt und ausgerichtet zu sein. Dann ist es völlig in Ordnung, das jeweilige Thema aufzugreifen und es durch Bilder und Worte gleichsam im Licht zu transformieren oder das eigene Sein mit Licht zu füllen, um so Transzendenz zu erfahren. Jeder ist eingeladen, diese Bilder und Worte mit Gebeten zu kombinieren, was sehr wirkungsvoll ist.

Heilung der gedemütigten Weiblichkeit und des Kindes in uns

Liebe Freundin,

heute will ich beginnen, dir etwas zu erzählen über eine Kraft, die dich stärker nach innen führen wird. Sie ist jahrhundertelang gedemütigt worden, unterjocht gewesen und irritiert worden, verwundet, eingesperrt und entfremdet worden. Es ist an der Zeit, sie zu heilen. Wir können sie nur heilen durch uns selbst.

Meistens werde ich ihr im Alltag oder meiner Praxis in der verwundeten, gedemütigten Form begegnen. Ich werde dir immer eine Möglichkeit nennen, wie man ihr freundlich, wohlwollend, unterstützend und heilend begegnen kann.

Heute begegnete sie mir in der Gestalt eines neugeborenen Mädchens. Eine Freundin zeigte mir ihre Enkelin, gerade drei Tage alt. Sie kann die Augen öffnen, doch rollen ihre Augen in alle möglichen Richtungen. Das schaut lustig und sehr rührend aus. Sie beherrscht ihren Körper noch nicht. Sie ist unendlich schutzbedürftig, klein und zart. Und ihr Blick ist eher nach innen als nach außen gerichtet. Und sie will leben. Und wir freuen uns über sie mit Tränen in den Augen. Sie ist ein Herzöffner, dieses sehr kleine Mädchen. Sie erweckt alle liebenden Gefühle in uns.

Wir spüren nach, was sie braucht, fühlen mit ihr, wollen sie herzen und schützen.

In dieser Erscheinung des kleinen Mädchens wird die Kraft in uns stark angesprochen und geweckt, um die es geht. Hier ist diese weibliche Kraft sehr mütterlich geprägt, sehr beschützend und weich und warm.

Sie wird das innere Kind als sehr kleines Neugeborenes heilen helfen und so eine Basis ermöglichen, die weibliche Kraft zu heilen und neu auferstehen zu lassen.

MEDITATION

Schließe deine Augen. Spüre deinen Atem. Spüre die Wärme in deinem Körper. Selbst wenn es kalt ist, pocht dein Herz stetig und versucht, dein warmes Blut überall in deinen Körper einströmen zu lassen. Dein Atem geht wie von selbst und du gestattest ihm, sich zu vertiefen. Dadurch entspannt sich dein Körper noch mehr.

Visualisiere ein kleines neugeborenes Kind. Es ist in warme weiche Tücher gehüllt. Es reagiert auf dich. Sein Blick ist nicht erfassend, eher unbeholfen. Es wird dir gereicht. Du nimmst es in deine Arme und jetzt, da es in deinen Armen liegt, erkennst du, dass du selbst dieses kleine Kind bist.

Schau es dir eine Weile lang an.

Es ist klein und zart. In seiner Unschuld und Hilflosigkeit liegt eine Kraft, die die Liebe aller anderen Menschen weckt. Du stützt den kindlichen Kopf mit deiner Hand, denn alleine kann das Baby ihn noch nicht halten. Du hältst das Kind und summst ihm ein leises Lied. Du wiegst es in deinen Armen. Es wird ganz warm.

Es gibt nur noch dich und dein kleines inneres Kind.

Es ist so, als ob sich ein Schutzkreis um euch legen würde. Ein Schutzkreis aus hellgoldenem Licht.

In der Sicherheit dieses Lichtes versprichst du dir, auf dein inneres Kind aufzupassen, dich zu behüten und dir Wärme und Liebe zu schenken.

Das kleine Kind strahlt dich an. Es lächelt und dieses Lächeln fließt als eine Welle der Liebe in dein Herz.

In dieser Liebeswelle heilen alle Wunden, die ganz früh durch menschliche Begrenztheit in dir entstanden sind. Du brauchst nicht zu wissen, was es gewesen ist, das dich hat weinen lassen, was dich ängstigte oder leiden ließ. Es wird von dieser Welle der Liebe zu dir selbst, als Kind dort in deinen Armen, geheilt.

Du weißt, du gibst diesem Kind damit die stärkste Kraft.

Komm wieder ganz zurück.

Strecke dich.

Die eigene Essenz finden inmitten von Herausforderungen

Liebe Freundin,

als du heute davon erzähltest, wie enorm krank dich deine Arbeit dort gemacht hat, war es zunächst naheliegend zu denken, du seist dort völlig falsch gewesen. Umso erstaunlicher war es, als sich dann herausstellte, dass du genau richtig dort gewesen bist. Nur war deine Aufgabe eine völlig andere. Deine Aufgabe hatte viel mehr mit deiner Essenz zu tun, mit deiner Sensibilität und nicht mit deiner gespielten Rolle. Wenn du das von Beginn an gewusst hättest und dich danach verhalten hättest, wärst du dann gesund geblieben?

Wir können diese Frage nicht beantworten. Es ist müßig, sie zu stellen. Wir wissen aber jetzt, dass genau deine Erkrankung und der daraus entstandene Pfad zu dir selbst dir gezeigt hat, dass nichts an deinem Weg umsonst gewesen ist. Genau das Leiden ist es, das dir jetzt alles auf dem Weg der Heilung offenbart, dich eintauchen lässt in tiefes Gewahrsein, dir wunderbare Zusammenhänge zeigt.

So scheint dann doch wieder alles stimmig zu sein.

Du musstest erst so tief hinabsteigen, um an deinen Schatz heranzukommen. Es war nicht möglich, immer in der Sonne zu bleiben, wenn das, was gewonnen werden soll, tief, tief unter der Oberfläche liegt.

MEDITATION

Wenn dein Atem tief in deinen Bauch strömt und dein Körper sich entspannt hat, stell dir eine wunderschöne Landschaft vor, die Landschaft deiner Seele. Und dann siehst du in dieser Landschaft eine traumhaft schöne Stadt aus Licht. Und du findest in dieser Lichtstadt ein besonders prachtvolles Haus, in das du jetzt hineingehen darfst.

Mitten in diesem Haus gibt es einen großen Raum, der nur aus einem Fußboden und einer Glaskuppel besteht, durch die Licht fällt. Auf dem Fußboden, im Licht erkennst du nun ein Labyrinth. In der Mitte des Labyrinths liegt ein großes rotes Herz aus Licht.

Um an dein Herz zu kommen, musst du den Weg durch das Labyrinth finden. Wenn du bereit bist, setze deinen ersten Fuß in das Labyrinth. Und nun halte ein und schau nach oben zur Lichtkuppel. Dort erstrahlt das Licht deines Hohen Selbst, das immer verbunden ist mit der göttlichen Quelle. Das Licht baut eine Säule zu dir auf, in der du nun stehst. Du kannst dich diesem Licht anvertrauen und von ihm führen lassen. Langsam und sicher bringt es dich in das Zentrum des Labyrinths, wo dein Lichtherz auf dich wartet. Wenn du ganz dort angekommen bist, nimm das rote Herz und halte es vor die Mitte deiner Brust, damit du es dort hinein aufnehmen kannst.

Atme das rote Herz aus Licht ganz in dein Herzchakra hinein.

Von dort aus bist du nun verbunden mit deinem Hohen Selbst und der göttlichen Essenz. Spüre diese Kraft. Das Labyrinth ist verschwunden.

Es wird Zeit, den Raum zu verlassen, aus dem Haus hinaus in die Stadt und zurück in die Landschaft zu gehen.

Und komm wieder hier an, auf deinem Platz, an diesem Tag, in deinem Alltagsbewusstsein.

Atme tief ein und aus und bewege deine Füße und Hände.

Am Ende des Lebens in Frieden kommen

Liebe Freundin,

deine Stimme hörte sich schwächer an als sonst, als wir miteinander sprachen. Du weißt, dass sich dein Leben dem Ende zuneigt, was dich jedoch nicht beunruhigt. Du siehst es mit Gelassenheit und einer dir eigenen pragmatischen Weisheit. So lange es noch irgendwie geht, willst du etwas für deine Familie und Freunde tun. Du nennst es das Leben unterstützen.

Du hörst genau zu, wenn ich dir etwas erzähle und du behandelst alles Anvertraute respektvoll.

MEDITATION

Atme Licht ein und in dich hinein aus, um dich mit Licht aufzuladen. Atme so lange Licht ein und in dich wieder aus, bis dein gesamter Körper strahlt und leuchtet. Genieße das. Nun lass das Licht aus den Poren deiner Haut hinausstrahlen, während du weiter Licht einatmest. Es bildet sich ein Ei aus Licht um dich herum. Schön strahlend und hell.

Verweile darin so lange du magst.

Atme weiter Licht ein und lass aus deinem Herzchakra Licht zu deinen Lieben strömen. Leuchten sie, was sehr schnell gehen kann, lasse sie in ihrem Licht so stehen. Es ist gut so.

Wenn du magst, darfst du nun das eingeatmete Licht aus deinem Herzchakra zu den Menschen geben, die du nicht so gut kennst, die dir jetzt in den Sinn kommen. Achte darauf, dass es dich nicht anstrengt, sondern leicht strömt. Bleibe selbst dabei, Licht einzuatmen und dich darin wohlzufühlen.

Komm ganz zurück zu dir. In dein Licht. In deinen Frieden. Verweile darin.

Wenn es gut ist für dich, komme langsam zurück.

Den eigenen spirituellen Weg gehen inmitten des Alltags

Liebe Freundin,

heute begegnete mir die weibliche Kraft in einer älteren Frau, die Ende 60 ist. Sie erzählte von ihrer Entwicklung. Es war ein Genuss, ihr zuzuhören. Ihre weißen Haare wippten bei jeder Kopfbewegung in kleinen Sprüngen und unterstrichen ihre Lebendigkeit. Sie kam gerade von einem mehrtägigen Yogaseminar und sah viel jünger aus als sie kalendarisch ist.

Als sie über ihre spirituelle Entwicklung sprach, sagte sie: „Oh ja, ich kenne meinen Weg und meine Spiritualität gut, nur der Alltag stört manchmal."

Wir lachten laut.

ÜBUNG

Nimm ein Blatt Papier und einen Stift und schreibe dir auf, was dich in den letzten Wochen im Alltag so gestört hat, dass du meintest, deinen spirituellen Weg nicht gehen zu können.

Wenn du das herausnimmst, was das größte Hindernis war, hast du dein Thema. Mit diesem Thema gehe nun in die Meditation.

MEDITATION

Wenn dein Atem tief und ruhig geworden ist, nimm dein Thema und geh mit ihm geradewegs zur *Göttlichen Mutter.* Sie steht da in einem großen blauen Umhang und freut sich über dich. Geh ganz an sie heran. So, dass sie dich umarmen und ihren blauen Umhang ganz um dich hüllen kann. Während du so nah bei ihr stehst, wird alles warm und hell um dich. Fühle dich so wie du bist, von der *Göttlichen Mutter* angenommen. Sie nimmt dich mit deinem Alltag und deinem Thema an.

Sie zeigt dir, dass in deinem Thema ein Schatz verborgen ist. Diesen Schatz kannst du bergen, wenn du dich nicht mehr wehrst, alles an deinem Thema zu erkennen, indem du dich ihm ganz hingibst.

Wenn du den Wachstumsimpuls zu mehr Klarheit und Wohlwollen erkannt hast, beende deine Meditation, indem du dich aus der Umarmung der *Göttlichen Mutter* bewusst löst. Kehre zurück in deinen Alltag.

Meditative Handmassage – Wohltat im Alltag

Liebe Freundin,

eine heilsame Kraft zeigt sich, wenn wir das Glück haben, beispielsweise eine Handmassage zu bekommen. Diesen kleinen Teil des Körpers, eine Hand, ganz einem anderen Menschen zu überlassen, den Arm schwer absinken zu lassen in der Entspannung, voller Vertrauen die kleinen Massagebewegungen an der Hand anzunehmen, ist immer wieder eine öffnende und beglückende Erfahrung. Der gesamte Körper reagiert mit. Er freut sich, entspannt und regeneriert sich.

Beide Menschen, der Massierte und der Massierende, begegnen einander in Stille, in Sinnlichkeit und respektvoller Berührung. Es ist so einfach, so wenig und in der Wirkung so heilsam.

MEDITATIVE ÜBUNG

Bitte einen dir bekannten angenehmen Menschen, einander eine Handmassage zu geben. Nehmt allen Handschmuck dazu ab. Ein Öl ist sehr angenehm. Wenn du kein Öl hast, ist es auch in Ordnung.

Verbindet euch von Herz zu Herz. Dann gebt einander intensive Handmassagen, für jede Hand fünf Minuten, im Schweigen.

Nimm eine Haltung des Respekts und Wohlwollens für den Anderen an. Erspüre die wertvolle Einzigartigkeit dieser Hände.

Bedankt euch nach Abschluss der Massage beieinander.

Grünkraft als Harmonisierung

Liebe Freundin,

die heilsame Kraft kann mit viel Humor daherkommen.

Eine regenerierende heilsame Kraft können wir uns gut als Grün vorstellen. Schon die Heilige Hildegard von Bingen sprach von der Grünkraft als der Kraft, die stärker ist als alles andere und, der Gewalt gegen sie und des angerichteten Schadens ungeachtet, immer wieder nachwächst, also grünt.

Auf dem Farbkreis nach Goethe liegt Grün genau in der Mitte. Lässt man Sonnenlicht durch einen natürlichen Bergkristall fallen, zeigt sich ein regenbogenartiges Farbspektrum mit Grün genau in der Mitte. Die Mitte seiner Lage verweist auf die Harmonie seiner Kraft.

Und nun zur humorvollen weiblichen Kraft. Gefragt, wie es denn dem neulich erkrankten Ehepartner gehe, kam die Antwort: „Ach, er grünt schon wieder."

MEDITATION

Entspanne dich, beobachte deinen immer tiefer gehenden Atem.

Stell dir ein zartgrünes Licht vor, so wie junge Blätter in der Frühlingssonne. Dieses zartgrüne Licht umhüllt dich nun allmählich. Mit jedem Einatmen strömt es stärker in dich ein. Wenn du ganz erfüllt bist vom lichten Zartgrün, nimmt jede Zelle es auf und beginnt harmonisch zu schwingen.

Indem du diese harmonisierende Lebenskraft ganz in dein Gewahrsein nimmst, kommt alles in dir ins Gleichgewicht.

Verweile darin und komme dann, wenn es gut für dich ist, ganz zurück.

Entscheidungshilfen an Lebenswegkreuzungen

Liebe Freundin,

als ich dich sah, erschrak ich mich etwas, dass du so grau ausgesehen und so starke Schmerzen hattest. Das, was du mir dann erzähltest, war die Erklärung.

Dein ganzes Wesen strebte aus deiner Beziehung hinaus. Du konntest es nicht mehr ertragen, in einer so groben und lieblosen Beziehung zu sein. Gleichzeitig sagte dir dein Denken, es sei höchst gefährlich, diesen Menschen zu verlassen, weil du durch ihn materiell abgesicherter seist. Also hättest du dich entschieden, alles in Kauf zu nehmen und alles auszuhalten. Du wolltest den Konflikt nicht mehr spüren. Nun hat sich ein Schleier der Taubheit über alle möglichen Bereiche gelegt.

Durch diese Entscheidung begannst du gleichsam von innen heraus zu erstarren.

Deine Schmerzen wurden immer stärker und du verträgst die Schmerzmittel nicht. Du kannst dich immer weniger frei bewegen.

Als du zugeben konntest, dass du eigentlich aus deiner Beziehung rausgehen willst, deine Beziehung hinter dir lassen willst, um freier und liebevoller leben zu können, begannst du stark zu weinen. Du wurdest gleichzeitig wieder weicher im Gesicht.

Manchmal müssen wir Wege gehen, die gegen Sicherheitsdenken und Konventionen stehen, wenn wir glücklich sein und unsere weiche, warme, zarte Seite nicht selber einfrieren, erstarren lassen oder verletzen wollen. Dieser Weg ist vielleicht nicht immer leicht, aber er macht glücklicher als der Andere. „Warum?“, fragst du. Weil du innerlich lebendig bleibst.

Welcher Weg für dich der Richtige ist, entscheidest nur du.

MEDITATION

Schließe deine Augen. Atme achtsam ein und aus.

Erlaube deinem Körper, sich eine Weile tief zu entspannen.

Geh nun an einen Ort, an dem du die Große Mutter treffen kannst. Was ist das für ein Ort? Und wie erscheint sie, die Große Mutter? Was nimmst du von ihr wahr?

Geh so nah du kannst an sie heran. Spüre und sieh ihr Licht, das sie ausstrahlt. Es ist warm, klar und beschützend, nährend und weise. Sie hüllt dich ganz darin ein und strahlt es direkt in dein Herzchakra. Alle Kämpfe deines Herzens kommen zur Ruhe, finden Frieden. Und in diesem Zustand erkennst du die Weggabelung, die vor dir liegt. Du hast die Wahl. Durch deine Entscheidungen und deine Bereitschaft, einen der Wege zu gehen, eröffnen sich dir ganz bestimmte Erfahrungen und Möglichkeiten, die es auf dem anderen Weg so nicht geben wird.

Die Große Mutter gestattet dir nun, auf beide Wege einen Blick zu werfen. Spüre und sieh jeweils, was der Eine und was der Andere für dich bereithält. Du siehst das Richtige, weil deine Seele es schon weiß.

Welchen Weg wählst du nun, nachdem du diese Erfahrungen gemacht hast?

Lass einen Lichtstrahl aus deinem Herzchakra als ein Segenslicht auf diesen gewählten Weg strömen.

Sei gewiss, dass du die richtige Wahl getroffen hast und gehe in deinem Tempo voran.

Komme langsam zurück.

Die eigene Schönheit und Stärke der eigenen Herzenskraft erkennen

Liebe Freundin,

*Heute grüße ich dich, schöne Frau,
die du neulich bei mir warst und um Hilfe gebeten hast.*

Du bist von großer Schönheit. Gleichzeitig spüre ich, dass du selber nicht weißt, wie schön du bist. Du hast eine kindliche Angst vorm Leben.

Dein Herz flattert wie ein kleines Vögelchen, das von einer Katze bedroht wird, wenn du von dem sprichst, was dich ängstigt. Niemand hat dir gesagt, dass deine Angst eine eingesperrte Kraft ist. Angst ist eingesperrte Liebe. Befreist du sie, erkennst du deine Schönheit, hast Zugang zu deiner Intuition, die dir Wissen schenkt, das du brauchst, um deinen Weg kraftvoll gehen zu können.

Die Schönheit deines Körpers spiegelt die Schönheit deines Wesens, deine Herzenskraft. In deinem Wunsch nach mehr Menschlichkeit und mehr Harmonie in deinem Leben zeigt sich etwas von deiner Liebe, die dir noch gar nicht selbstverständlich ist.

Du glaubst noch, es sei Schwäche, wenn du weinst. Du denkst, es läge an dir, wenn Menschen grob zu dir sind. Und zitterndes Entsetzen durchfährt dich, wenn du an die Härte der Welt denkst.

Doch als sich das Tor zu deinem Herzen öffnet, du die strömende Kraft und das pulsierende Leben in ihm spürst und du dich wahrnimmst voller Licht, beginnst du zu strahlen und dein Körper bekommt eine andere Spannung. Er wird würdevoller und ein kleines sanftes Lächeln leuchtet auf. Jetzt ist es sehr einfach für dich zu verstehen, worum es geht und du freust dich über die Kraft und Stärke deiner Liebe.

Ich danke dir für deinen Glanz.

MEDITATION

Wenn du dich entspannt hast, atme tief in deinen Bauch ein und aus.

Vor deinem geistigen Auge entsteht ein Symbol der Schönheit.

Nimm es in deine geistigen Lichthände.

Halte es. Betrachte es. Mach dich vertraut mit ihm. Atme es in dein Herz.

Nun nimm deine inneren Lichthände und streife sie an deinem Körper entlang, nimm alles, was dein Gewahrsein deiner Schönheit blockiert und wirf es mit einer Handbewegung von unten nach oben über dich ins Universum.

Mache das solange, bis alle dunklen Blockaden fort sind.

Dann stehe still und genieße die Befreiung. Stelle dir vor, dass du deine Arme und Hände nach oben hin ausbreitest. Und spüre nun, dass all die Blockaden, die du entfernt hast, vom Universum transformiert worden sind in reine Lichtenergie. Sie kommt zu dir zurück als bunte, transparente Regenbogenfarben. Atme sie in dein Herz. Du beginnst, bunt zu strahlen in deiner gesamten Schönheit und Fülle. Stärke dich darin.

Komme in deinem Tempo ganz in deinen Körper und diesen Tag zurück.

Gedanken von Plotin:

„Man muss nämlich das Sehende dem Gesehenen verwandt und ähnlich machen, wenn man sich auf die Schau richtet; kein Auge könnte je die Sonne sehen, wäre es nicht sonnenhaft; so sieht auch keine Seele das Schöne, welche nicht schön geworden ist. Es werde also einer zuerst ganz gottähnlich und ganz schön, wer Gott und das Schöne schauen will."[28]

28 Plotin, Schriften, Band I, Die Schriften 1, 43

Reisebedingungen durch das eigene Leben optimieren

Liebe Freundin,
gestern sprachen wir uns.

Wir sind uns eine Weile nicht begegnet, doch gestern, als ich deine neue Kraft spürte, war ich voller Freude.

Dabei kann ich mich noch erinnern an das Alte, wie es dir noch vor einem halben Jahr ging. Das Verzagte und Misstrauische in dir, dein Mangel an Selbstwert, deine Fahrt durchs Leben mit angezogener Handbremse.

Und nun, gestern, erlebte ich deine neue Kraft: Klarheit, Selbstverständlichkeit, Achtung vor dir selbst und Humor. Es ist wie das Aufblühen einer Saat, die lange Zeit in der Wüste, im Feuer der Schmerzen geschlummert hat, um nun, nach einer Regenperiode voller Segen und Transformation, in der du dich tapfer allem gestellt hast, aufzugehen.

Und ich finde es bemerkenswert, dass genau diese Kraft, die du jetzt lebst, für alle bereits vorher an dir wahrzunehmen war, nur für dich lag sie völlig im Verborgenen.

Falls sich die Handbremse in deinem Leben wieder einmal nicht so gut lösen lässt, gibt es nun eine Heilmeditation.

MEDITATION

Atme in deinen Bauch ein und aus. Lächle dir zu. Lass es zu, dass sich dein Körper entspannt.

Lass dir Zeit beim Ein- und Ausatmen.

Bitte um Schutz aus der lichtvollen geistigen Welt und lass dich ganz los in diesem Schutz. Vertrau dich deiner geistigen Führung an.

Mit dem nächsten Ausatmen siehst du, dass du in einer Kutsche sitzt. Wie sieht diese Kutsche aus? Wie viele Pferde ziehen sie? Wie geht es den Pferden? Wer lenkt die Kutsche – du oder jemand anderes?

Nachdem du dir das alles angeschaut hast, bitte die Pferde anzuhalten. Steig aus und frage sie, was sie brauchen. Gib ihnen das. Es steht dir alles zur Verfügung. Es ist alles da. Vielleicht wollen sie gestreichelt werden oder sie haben Hunger, brauchen Kraftfutter oder Wasser. Eventuell wollen sie auch eine Pause oder einen anderen Wagenlenker. Du erfüllst ihnen mit Leichtigkeit ihre Wünsche und kannst sehen, dass sie erstarken. Ihre Augen beginnen lebendig zu funkeln, ihr Fell glänzt, ihre Bewegungen sind elegant und dynamisch, ihre Körper sehen sehr gut aus.

Wenn du nicht selbst die Kutsche gelenkt hast, sprich mit dem Kutscher, dass du die Kutsche nun selbst übernimmst. Der Kutscher freut sich, nun frei zu sein und geht seinen Weg.

Du sagst auch den Pferden, dass du die Kutsche jetzt führst und es jetzt weitergeht. Du löst die Handbremse.

Du konzentrierst dich auf dein Herzchakra, atmest dort hinein und aus, um es zu aktivieren und horchst hinein, wohin es gehen soll. Du findest jetzt dein wichtigstes Ziel. Telepathisch teilst du dieses Ziel den Pferden mit, die sich sogleich in Bewegung setzen.

Spüre die Fahrt. Spüre das gute Tempo. Hab deine Freude daran unterwegs zu deinem Ziel zu sein.

Du nimmst die schöne Landschaft wahr, durch die du unterwegs bist und dann kannst in der Ferne dein Ziel erkennen, wie es sich dort in die Landschaft fügt.

Du spürst, du kommst nach Hause.

Du bist zu Hause.

Atme tief ein und aus.

Für alles ist gesorgt. Du bist zu Hause.

Bleibe für eine Weile ganz still und genieße dein Zu-Hause-Sein.

Komm ganz zurück in deinen Körper und dein Alltagsbewusstsein.

Sich auf einer lichtvollen Ebene befreien

Liebe Freundin,

in unserem Gespräch wurde mir klar, dass wir immer die Wahl haben. Und unsere Wahl, unsere Entscheidung liegt an unserer Ausrichtung, an unserem Eingebundensein in ein größeres Ganzes. Wir haben die Wahl, aber nicht die Kontrolle. Mit unserem Einverständnis, unserer Wahl, verändern wir ständig etwas. Nichts ist statisch. Mit der Veränderung kommen neue Möglichkeiten auf uns zu.

In einem sehr hohen Gewahrsein können wir Ebenen betreten, die nicht mehr karmisch gebunden sind. Sie sind nur noch Lichtebenen der Stille und eine völlige Transformation, Umpolung, Neuausrichtung kann geschehen. Dort, wo wir nicht mehr identifiziert sind mit unserer Person, sind wir frei. Dort, wo wir unsere Vergangenheit nicht mehr ständig als unveränderbare Geschichte wieder und wieder erzählen, sondern ganz gegenwärtig werden, völlig im Jetzt sind, werden wir frei.

MEDITATION

in Erinnerung an Herrn Assagioli[29]

Beobachte deinen Atem. Beobachte deinen Körper. Mach dir klar, dass, wenn du deinen Körper beobachten kannst, du nicht dein Körper sein kannst. Du hast einen Körper, aber du bist nicht dein Körper, du bist mehr als das.

29 Der italienische Psychologe Roberto Assagioli (1888–1974) entwickelte die Psychosynthese, eine Form der transpersonalen Psychotherapie.

Lass deine Gedanken ziehen. Sie sind nicht wichtig. Deine Gedanken kannst du beobachten. Also bist du nicht deine Gedanken. Du hast Gedanken. Du bist nicht deine Gedanken. Du bist mehr als das.

Beobachte deine Gefühle. Während du sie beobachtest, erkenne: du hast Gefühle. Du bist nicht deine Gefühle, du bist mehr als das.

Ruhe nun in diesem großen Zusammenströmen deines Körpers, deiner Gedanken und deiner Gefühle. Du bist mehr als das alles zusammen.

Tritt ein in freudvolle Stille.

Wenn es für dich richtig ist, komme zurück, indem du bewusst schluckst, atmest und dich streckst und dehnst. Erst dann öffne deine Augen.

Den eignen Lichtkörper stärken

Liebe Freundin,

du fragst, warum du immer und immer wieder mit deinen Themen zu tun hast und das Gefühl hast, obwohl du in dir aufräumst, nicht voranzukommen. Andere arbeiten nicht so schwer an sich, sagst du, und kommen viel schneller weiter.

Vielleicht ist es so, vielleicht auch nicht. Wie wollen wir den spirituellen Fortschritt eines Menschen beurteilen? Es steht uns weder zu das zu tun, noch hätten wir wahrhaftige Kriterien. Und jeder Vergleich schmerzt, weil er deine Individualität außer Acht lässt. Darum geht es jedoch.

Außerdem ist es so, dass spirituelle Entwicklung nicht linear verläuft. Sie dehnt sich vielmehr innerhalb dessen aus, was schon da ist. Dieses Ausdehnen wird gefördert durch das Gewahrsein, wer man ist. Dieses Feld des Gewahrseins wird größer und umfassender je mehr du die Wahrheit als gegeben in dein Leben lässt.

MEDITATION

Atme tief und sanft. Gestatte dir, deinen Körper zu entspannen. Deine Gedanken und Gefühle werden ruhig.

Sieh dich vor einer schönen Landschaft stehen. Schau dir die Landschaft an. Sie ist aus Licht entstanden. Gehe nun mit einem bewussten Schritt in diese Landschaft hinein. Und während du durch diese wunderschöne Landschaft deiner Seele gehst, wirst du gewahr, dass du nur deshalb durch sie gehen kannst, weil deine Füße und dein gesamter Leib auch aus Licht bestehen. Fühle deinen Lichtkörper.

Spüre, wie er mehr und mehr ohne Grenzen verbunden ist mit dieser Landschaft.

Wenn du einen besonders schönen Ort gefunden hast, bleibe stehen und werde zu einem großen Licht in einem großen Licht.

Verweile so lange du magst.

Komme sehr langsam zurück.

Wenn geliebte Menschen in schwierigen Situationen sind

Liebe Freundin,

du erzählst von deiner Tochter, die sehr weit weg von dir Urlaub macht. In diesem Land sind überall Hitzerekorde erreicht worden und Buschfeuer ausgebrochen. Du beginnst dir Sorgen zu machen.

Kannst du dir vorstellen, was geschieht, wenn du dir um jemanden Sorgen machst? Es ist so, als würdest du ihm belastende Päckchen schicken, weil folgende Botschaft darin steckt: „Ich traue dir nicht zu, dass du gut da durchkommst.“ Oder: „Das Leben ist gefährlich.“

Beides erzeugt Stress für dich und für den, mit dem du verbunden bist in deiner Sorge. Die Wahrheit ist, dass alles zur rechten Zeit geschieht. Es ist förderlich, dem anderen Menschen, der vielleicht in eine schwierige Situation gerät, an der er wachsen kann, Licht zu senden und Engel. Dann weißt du ihn in seiner gesamten Kapazität in seinem Licht und kannst ihn getrost so lassen.

MEDITATION

Atme tief in deinen Bauch ein und aus. Stelle dich in ein gleichschenkliges Lichtkreuz. Um das Lichtkreuz erscheint ein großer Lichtkreis, der dich schützt. So bist du im Licht verbunden mit Vater Himmel und Mutter Erde, deiner intuitiven und tatkräftigen Seite.

Gehe nun mit deinem Gewahrsein in dein Herzchakra in der Mitte deiner Brust und sende den Menschen, an die du denkst, einen Lichtstrahl. Siehe, dass dieses Licht sie ganz einhüllt und ihr eigenes Lichtpotenzial aktiviert.

Verweile in dem Bewusstsein, dass so alles gut ist.

Lass deinen Lebensweg vor dir erscheinen.

Sende einen Strahl des Lichts auf deinen eigenen Lebensweg. Sieh dich selbst im Licht stehen.

Komm langsam zurück.

Bereitwilligkeit zur Veränderung fördern

Liebe Freundin,

heute erlebte ich wieder einmal, dass Bereitwilligkeit eine starke Kraft auf unserem Weg ist. In dem Moment, in dem wir bereit sind, etwas für möglich zu halten, was wir sonst zurückgewiesen haben, geschieht Öffnung. Wenn wir bereit sind für Wunder, können sie geschehen. Wenn wir bereit sind für Vergebung, kann sie in unser Leben treten. Wenn wir bereit sind, eine andere Perspektive einzunehmen, können wir einen neuen Level erreichen.

Diese Bereitwilligkeit ist mehr als ein bloßer Gedanke. Es ist ein Gefühl, eine Ahnung davon, wer wir wirklich sind und wie höhere Kräfte in unserem Leben wirken.

Manchmal ereignet sich diese Bereitwilligkeit, diese Öffnung in großer Not. Dann, unter existenziellem Druck, beginnt ein Ringen mit den bisher eingenommenen Positionen und Überzeugungen. Der Verdacht, es könne auch anders sein, wird zugelassen. Es sind Augenblicke, in denen spirituelle Wahrheit oft tränenreich erlebt wird. Das bisherige Defizit wird schmerzlich erkannt und eine innere Wendung hin zum Licht löst eine Welle der Rührung aus.

Durch diesen energetischen Wechsel kann das Empfinden entstehen, Arbeit geleistet zu haben, müde zu sein, Rückzug zu brauchen, obwohl vielleicht im Äußeren nichts geschehen ist. Die Energie hat sich schließlich sehr geändert, der Körper und die Psyche werden informiert und sie verarbeiten diese Informationen, stellen sich um. Es kann jedoch auch so sein, dass du dich sofort befreit fühlst.

MEDITATION

Vielleicht gibt es in deinem Leben etwas, das du verändern willst. Vielleicht hast du schon diverse Versuche unternommen, doch es ist dir nicht gelungen. Versuche es jetzt mit dieser meditativen Einstimmung in Bereitwilligkeit.

Atme tief und sanft in deinem Rhythmus ein und aus. Komme dabei immer mehr zu dir selbst.

Sieh jetzt das vor dir, was du verändern willst. Sieh es jetzt einmal so an, dass es dir dabei helfen will, eine wichtige Entwicklung zu ermöglichen. Entwickle eine Bereitwilligkeit, alles, was du bisher darüber gedacht hast, gehen zu lassen oder dem Universum zu übergeben. Sage dir: „Ich übergebe alles höheren Mächten. Ich gebe meine Kontrolle auf. Ich vertraue mich der lichtvollen, liebevollen Führung der göttlichen Weisheit an." Du wirst dadurch leer, frei und weit. Nimm dir Zeit dafür.

Und dann sage dir und spüre, dass du ein unendliches Feld der Energie bist, in dem alles möglich ist. Gib deinen Widerstand auf. Werde ganz weit und licht und klar. Und spüre für einen Moment, wie es ist, wenn du dein Thema nicht mehr trägst.

Lass diesen Samen des Augenblicks in dich ein.

Verweile darin.

Komm langsam zurück.

Licht der Freude stärken

Liebe Freundin,

neulich las ich ein Zitat von Franz von Assisi. Er sagt: "Gott ist die Freude, deshalb hat er die Sonne vor sein Haus gestellt." Wenn ich diese Aussage auf mich wirken lasse, werde ich weiträumig und bin fasziniert von der Vorstellung, dass unsere Sonne vor dem göttlichen Haus steht. Das sind Dimensionen, die meinen Verstand zum Stillschweigen bringen und ich komme in einem großen Bogen zurück zu meinem Körper. Auch mein Körper ist ein Haus Gottes, denn Geist und Seele wohnen darinnen. Die Sonne vor meinem Körper ist das Licht meiner Aura.

Freude breitet sich aus.

MEDITATION

Entspanne dich durch die achtsame Beobachtung deines tiefer werdenden Atems. Nun nimm deine Aura wahr oder stell sie dir vor.

Sie ist wie eine Sonne um dich. Dehne dich aus in diesem warmen Glanz. Der Glanz ist auch in dir. In jeder einzelnen Zelle glänzt und leuchtet es. Lass dir Zeit es wahrzunehmen.

Gehe nun zur ewigen Quelle und nimm wahr, dass das Licht in dir und in deiner Aura aus der ewigen Quelle strömt. Und wenn du dich umschaust, erkennst du, dass nichts ist, außer Licht aus dieser Quelle. Alles strahlt in demselben Licht. Denn dieses Licht ist reines lichtvolles Sein.

Verweile solange du magst darin. Freue dich.

Wenn du so weit bist, komm zurück.

Den Spiegel blank putzen – Potenziale entdecken

Liebe Freundin,

während ich dir zuhörte, wurde mir immer deutlicher, was mit uns geschieht, wenn wir in unseren frühen Jahren in manchen Bereichen nicht gespiegelt werden. Der Spiegel ist dort blind geworden. Er bleibt an diesen Stellen auch in späteren Jahren leer. Ein Gefühl, emotional alleingelassen zu sein, breitet sich aus. Dein Selbstwert und dein schönes Potenzial können dort nicht erkannt werden, solange der Spiegel noch blinde Stellen hat.

Es sei denn, wir erkennen, was geschehen ist und haben gute Helfer und Begleiter, die uns den Spiegel wieder blank putzen helfen.

In anderen Bereichen sind wir gespiegelt worden. Es kippt in uns. Wir geraten aus der Balance. Wir entwickeln Traurigkeit über das Leben und Angst vor ihm.

Es herrscht tiefe Traurigkeit über ein nicht gelebtes Potenzial in uns. Manchmal wissen wir nicht einmal, dass wir es in uns tragen. Woher sollten wir davon wissen, wenn es nie von jemandem gespiegelt worden ist durch ein Wort, ein Lächeln, ein Funkeln in den Augen? Keine Anerkennung, kein Gesehenwerden, kein Lob, keine Ermutigung, keine Bestätigung. Da herrscht eine Dürre, die sehr bedrohlich sein kann, in uns.

Wir sorgen jetzt so gut es geht selbst dafür, dass der ganze Spiegel wieder blank wird und wir uns darin finden.

MEDITATION

Wenn du tief und sanft atmest, lass alle Anspannung los. Mit dem loslassenden Ausatmen werde weit, werde geräumig.

Geh nun in die Landschaft deiner Seele. Spüre diese wunderschöne Landschaft, die Atmosphäre in ihr. Du siehst einen Weg unter deinen Füßen. Dieser Weg führt dich tiefer in die schöne Landschaft hinein. Dann kommst du zu einem großen schönen Haus. Es ist dein Haus der Spiegelungen.

Du darfst hineingehen. Du erkennst, dass es mehrere Ebenen und viele Räume gibt. In jedem Raum wohnt ein Potenzial von dir.

Dort, wo die Türen offen sind, kennst du dein Potenzial. Diese Kräfte, diese Gaben und Fähigkeiten, diese Talente lebst du bereits. Hinter den geschlossenen Türen befinden sich Potenziale, die du noch nicht kennst. Für dich alleine ist es zu viel, durch alle verschlossenen Türen in die unbekannten Räume zu gehen und dich vertraut zu machen mit den noch schlafenden Potenzialen. Deshalb rufe nun um Hilfe.

Und sofort eilt Hilfe herbei. Deine Engel sind jetzt deutlich bei dir. Jeder Engel steht für eines deiner Potenziale, das er dir zeigen will, damit du es kennenlernen kannst und leben wirst.

Jeder Engel öffnet jetzt die Tür zu dem Raum, in dem dasjenige deiner Potenziale liegt, für das er einsteht.

In jedem Raum hängt ein Spiegel, in dem du dich sehen kannst. Du erkennst dich, wie du bist, wenn du das entsprechende

Potenzial lebst. Jeder Raum atmet das Potenzial durch seine Atmosphäre, Einrichtung, seine Farben, seinen Duft und sein Licht.

Dein Schutzengel steht nun an deiner Seite und führt dich durch das Haus von Raum zu Raum. Beginne nun deinen Rundgang. Lasse dir Zeit dafür. Merke dir, was du Neues über dich gelernt hast.

Komme, wenn du alle Räume gesehen hast, wieder dorthin zurück, wo dein Rundgang begonnen hat. Bedanke dich bei allen Engeln für ihre Hilfe. Es ist Zeit, das Haus zu verlassen.

Dein Schutzengel schwebt mit dir zurück, in deinen Alltag, in deinen Körper, in das Hier und Jetzt.

Atme tief ein und aus und beginne dich zu bewegen, dehne und recke dich.

Schreibe dir das Wichtigste auf.

Die weibliche Kraft stärken – und somit auch Angst vor männlicher Kraft erlösen

Liebe Freundin,

heute grüße ich die aufrichtige Frau!

Verwirrung und Depression haben sich breit gemacht in dir. Sie legen ein dunkles Tuch über deine Lebendigkeit. Deine Augen sehen müde aus. Deine Sprache ist langsam, unsicher, suchend. Immer wieder nimmst du dich zurück und fragst dich, ob du überhaupt eine Berechtigung hast, über dich zu sprechen. Dann breiten sich lange, ermüdende Pausen bleiern aus.

Manchmal, selbstvergessen, wenn dich etwas packt und fasziniert, beginnst du mit wachem Blick genau zu beobachten und staunst über die neuen Eindrücke, die wie Sternenfunkeln deine Nacht erhellen. Dann kommst du zu dir. Deine Augen bekommen Glanz, du wirkst jünger und es ist dir möglich, alles sehr genau auf deine dir ureigene Art zu sagen.

Unter deiner Verwirrung und deiner Depression liegt eine Angst vor allem, was männlich ist. In Grabenkämpfen führst du schon lange Krieg gegen diese Kraft. Wenn du Vertrauen schöpfst und zugibst, was wirklich ist, weinst du und beschreibst in schrecklichen Bildern, wie das Männliche das Weibliche quält.

Allmählich beginnst du zu erkennen, dass diese Kämpfe in dir stattfinden. Du findest sie auch im Außen, in deinem Leben und in dem Weltgeschehen. Doch diese Art darunter zu leiden und damit umzugehen, das bist du.

Zu dir selbst bist du eher männlich. Du kleidest dich männlich. Du kennst kein Make-up oder irgendeinen Schmuck. Deine Jeans, deine Hemden, deine Pullover und Schuhe, alles ist funktionell und wirkt burschikos. Und du verhältst dich lieblos zu dir selbst. Darin gefangen waren gleichsam alle irritierten weiblichen Kräfte deiner Familie.

Dein Vater verleugnet seine Yin Kraft total und säuft sich krank. Deine Mutter weiß nicht, was die weibliche Kraft ist und ist unglücklich und vergisst die Welt, ihr Leben, alles. Deine Geschwister sehen nur ins Außen und arbeiten, um sich nicht zu spüren, als Ausdruck ihres inneren Unglücks über die nicht gelebte weibliche Kraft, die auch mal gewähren lässt.

Nachdem du jetzt einige Schichten hin zu dir selbst in tapferer jahrelanger Arbeit abgetragen hast, beginnst du zu wachsen in zwei Richtungen gleichzeitig: dein Kontakt zur geistigen Welt wird vertrauensvoller und stabiler und dein Gefühl für die zarte, weiche, kreative Seite in dir kommt stärker hervor. Du schaffst es jetzt regelmäßig zu meditieren und entdeckst, dass auch du Trägerin göttlichen Lichts bist.

Ich grüße die weibliche Kraft in dir voller Freude!

MEDITATION

Atme tief ein und aus und lass dich durch diese Atemschaukel in eine tiefe Entspannung gleiten. Dein Rücken ist gerade aber nicht angestrengt. Deine Kiefergelenke sind entspannt, sodass dein Kinn nach unten sinkt und deine Mundhöhle geräumig wird. Das entspannt auch deinen Bauch, deinen Beckenraum.

Komm immer tiefer ganz zu dir.

Lass alle Masken und Rollen fallen wie alte getragene Kleider. Lass fallen: was Andere von dir erwarten, was Andere an dir mögen, was Andere an dir kritisieren, wie Andere dich sehen. Lass fallen, Schicht für Schicht: was du von dir erwartest, was du an dir magst, was du an dir kritisierst, deine Übernahmen von Rollen und Masken, um etwas darzustellen.

Wenn all das von dir fällt, bist du bei dir, in deiner ursprünglichen Kraft. So fühlt sich deine Essenz an.

Und aus dieser Kraft heraus schau hinüber zu deiner weiblichen Kraft. All ihre Weichheit, ihre Kreativität und Intuition, ihre Durchlässigkeit und Liebe erblickst du da. Immer besser erkennst du das gesamte Potenzial dieser Kraft. Alle Verletzungen, Unterdrückungen, das Eingesperrtsein und die Demütigungen sind jetzt für deine Schau verschwunden.

Du blickst gleichsam durch sie hindurch. Da ist sie, deine weibliche Kraft!

Genieße den Anblick und lass ihn tief in dein Herz hinein.

Diese Kraft selbst beginnt nun aus sich heraus zu leuchten in ihrem heiligen Potenzial. Das Leuchten wird immer stärker, wird ein Glühen und Strahlen einer Sonne gleich.

Diese warme, weiche, stille Leuchtkraft beginnt alle Hindernisse von innen heraus einzuschmelzen. Das Leuchten und Strahlen dringt in deine Körperzellen und durch die Poren deiner Haut.

Genieße diese Verwirklichung deiner weiblichen Kraft.

So strahlend und leuchtend lösen sich alle Ängste vor der männlichen Kraft auf.

Komm langsam zurück in dein Alltagsbewusstsein, deinen Körper und gehe in deinen Tag hinein.

Ruhevolle Kraft durch Lauschen

Liebe Freundin,

eine Qualität der weiblichen Kraft ist das Lauschen. Lauschen kann nur der Mensch, der still ist. Durch die Stille und das Lauschen kommen wir stärker zu uns selbst und wenden uns nach innen.

Gleichzeitig stärkt sich die Wahrnehmung für Raum, den unendlichen Raum um uns und in uns. In diesem Raum sind alle Informationen enthalten. Roop Verma lehrte mich, diesen Raum als die kosmische Sekretärin zu betrachten, die alles mitschreibt und nichts vergisst. Und wir bekommen auf jedwede Aktion eine Antwort.

Er meinte, wenn du viel über Probleme nachdenkst, sagt die kosmische Sekretärin: „Oh, das mag sie wohl. Dann bekommt sie noch mehr davon." Das heißt, wir bauen mit unseren Gedanken, Worten und Taten Resonanzen auf. Wir beginnen in unserer Energie zu schwingen und gleiche Energien ziehen sich an. Wir informieren pausenlos das Universum, das große Informationsfeld um uns und in uns.

Stell dir die Erleichterung vor, die durch Lauschen und Stille geschieht. Es stellt sich Klarheit ein, es zeigt sich Wesentliches. Wir können uns in das hineinentspannen, was wirklich ist, in die Essenz des Seins.

MEDITATION

Versuche ganz still zu sein und zu lauschen.

Beobachte, was dann mit dir geschieht. Wenn Gedanken auftauchen, gestatte dir, sie nicht ernst zu nehmen und kehre zur Stille zurück.

Immer wieder. Gib nicht auf, kämpfe jedoch nicht, sondern ruhe in liebevoller Entspannung. Spüre die stärkende Kraft darin.

Verweile und komme dann erst zurück.

Aus der hektischen Zeit aussteigen

Liebe Freundin,

Zeit kann springen, rasen oder auch sehr langsam vorübergehen. Zeit ist überhaupt an den Raum gebunden. Ohne Raum gibt es keine Zeit. Also ist Raum an den Körper, an unsere Überzeugung, wir seien dieser Körper, gebunden. Demnach existiert eine Ebene, auf der es das Phänomen der Zeit, so wie wir sie normalerweise in unserem Alltagsbewusstsein erleben, nicht gibt.

Damit ist auch die Vorstellung, Zeit verlaufe linear, aufgehoben.

MEDITATION

Entspanne dich.

Atme sanft und tief.

Dehne dich gleichsam aus. Werde lichtvoll, indem du Licht einatmest und ohne es ausatmest, damit sich das Licht in deinem Körper speichern kann. Wenn du innen funkelst und lichtdurchflutet bist, beginne das Licht auszuatmen. Baue dir einen Lichtkokon, indem du durch die Poren deiner Haut kleine Lichtflimmerhärchen ausatmest, die immer länger und dichter werden, mit jedem Atemzug.

Gehe nun mit deinem Gewahrsein in deine Lichtaura und erspüre ihre äußeren Grenzen. Sei dir gewiss, dass dieser Teil auch zu dir gehört.

Wenn du dich ganz in diesem Licht wahrnehmen kannst, erkenne, dass in diesem Licht alle Informationen über deine Möglichkeiten gespeichert sind. Alles Vergangene, alles Gegenwärtige und alles Zukünftige bist in diesem Augenblick du.

Ob du es in die Materie hinein holst, ob du es verwirklichst, ist eine andere Frage. Alles ist da, was dich ausmacht und ausmachen könnte. Ein unendliches Potenzial, gespeichert im Licht.

Ruhe in diesem Potenzial, als würdest du dich darin baden.

Komm dann langsam zurück.

Den eigenen Weg stärken

Liebe Freundin,

manchmal werden wir, wenn wir unserem Herzen folgen, wenn wir unserer Wahrheit folgen, von anderen nicht verstanden. Wir fühlen uns allein. Wir brauchen Kraft, um alleine auf unserem Weg zu bleiben, aufrecht und gerade. Wir verstehen die Zweifel der Anderen, wir kennen ihre Einwände und hören ihre Argumente gegen uns. Doch wir gehen unseren Weg. Es ist keine Sturheit, die uns auf unserem Weg bleiben lässt, es ist auch keine Arroganz, keine Dummheit. Es ist aber ein tiefes Wissen um den eigenen Weg und seine Wahrheit. Es ist eine Unvermeidbarkeit. Es ist stimmig, auch wenn es vielleicht nicht populär ist oder andere das nicht verstehen. Es kommen auch wieder Weggefährten, die dich verstehen.

Das, was du lebst, gehört zu deinem Lied der Wahrheit. Es ist gebunden an Liebe, Lauterkeit und Wahrheit. Und mit jedem Schritt, bei dem du auf deinem Weg bleibst, ungebrochen, ungebeugt, fließt gleichsam Kraft aus deinem Weg zu dir zurück.

MEDITATION

Atme sanft aus und ein. Erlaube deinem Körper, sich zu entspannen. Sieh dich selbst in einem schönen Lichtkreis stehen, ganz um dich herum.

Geh nun in die Landschaft deiner Seele hinein. Sieh vor dir deinen Weg. Sieh, wie er verläuft. Betrachte ihn genauer und erkenne die symbolische Bedeutungen dessen, wie dein Weg beschaffen ist und all das, was er dir über sich anvertraut.

Sende nun einen Lichtstrahl aus deinem Herzchakra den ganzen Weg entlang. Segne deinen Weg des Lebens und alles, was vor dir liegt.

Ruhe eine Weile in diesem Licht. Komme dann zurück.

Heilkraft der Schönheit aktivieren

Liebe Freundin,

heute erzähle ich dir eine Geschichte über Schönheit.

Sie flogen über den Wolken und sie sah ihre wunderschönen Formationen, das Licht und die zarten Farben und fragte sich, ob man beim Anblick solch erhabener Schönheit zu einem geläuterten Menschen werden könne. Allein durch die Erschütterung, die, ließe man sie ganz in sich ein, im Nervensystem und jeder Zelle des Körpers entstünde. „Eigentlich", so dachte sie, „müsste man doch durch besonders beeindruckende Schönheit, die aus einer anderen Dimension zu uns zu kommen scheint, neu geladen werden können. Wie durch eine Urinformation, die uns daran erinnern kann, wer wir wirklich sind. Wir heilen durch Schönheit, die uns tief in uns bewegt." „Möchten Sie noch etwas Tee?" unterbrach sie die höfliche Stewardess. Aus ihren Gedanken herausgerissen, schaute sie in zu stark geschminkte starre Augen und fing einen Blick auf, der sich nach genau dieser heilsamen, lebendigen Schönheit sehnte.

MEDITATION

Schließe deine Augen und entspanne dich durch das achtsame Beobachten deines Atems. Sanft und tief atmest du ein und aus.

Spüre den heutigen Tag und begrüße ihn. Begrüße seine einzigartige Schönheit. Nimm eine dankbare Haltung ein für seine Besonderheit. Öffne dein Herz für die Schönheit, die er dir schenkt.

Wenn dein Denken nörgeln oder kritisieren will, atme es aus. Nimm wieder Beziehung auf zu der Schönheit, die du an diesem Tag findest. Das kann der Himmel sein, die Landschaft, ein Tier, das du draußen gesehen hast, ein Baum, die besondere Stille des Tages oder seine Lebendigkeit, deine Kerze, die du zum Meditieren entzündest hast.

Gleichgültig, was du entdeckst an Schönheit dieses Tages, nimm diese Schönheit ganz an, wie die Luft, die du atmest.

Stell dir vor, wie die Kraft, die Energie, die Vibration und Frequenz der Schönheit durch deinen Körper pulsiert. Dein Körper nimmt diese Kraft dankbar auf. Schönheit kann trösten, sie kann heilen. In Schönheit kann er sich noch mehr entspannen und geht in eine frohe, liebevolle Haltung hinein.

Verweile so.

Komme zurück, wenn es für dich gut ist.

Stärkende Dankbarkeit aktivieren

Liebe Freundin,

Dankbarkeit ist eine starke Kraft. Sie bringt uns in die Gegenwärtigkeit, denn Dankbarkeit ist immer im Jetzt. Dankbarkeit und Wertschätzung machen uns wach, gegenwärtig und weit. Diese Haltung der Dankbarkeit fördert unsere Gesundheit und unseren Frohsinn. Sie fördert die Zurücknahme des Egos und öffnet für Einsichten und Inspiration.

ÜBUNG

Sei dankbar. Sei dankbar für alles. Sei auch dankbar für etwas, wofür du noch nie dankbar gewesen bist.

Verweile in Dankbarkeit. Lass sie immer stärker werden.

Verneige dich vor dem Leben und komme ganz langsam zurück.

Den Körper freundlich lächelnd mit deinem Geist streicheln

Liebe Freundin,

heute wird der Zusammenhang zwischen Körper und Geist bei dir ganz deutlich.

Wenn wir unserer Wahrheit nicht folgen, erzeugen wir in uns eine starke Spannung. Es kann möglich sein, dass diese Spannung, dieser Spannungskonflikt eine Zeit lang weggeschoben werden kann. Es kann sein, dass wir so tun, als sei alles in Ordnung und gestehen uns selbst gar nicht ein, dass wir nicht nach unserer Wahrheit leben.

Doch irgendwann, früher oder später, reagiert unser Körper auf die von uns selbst erzeugte Spannung. Er spricht die einzige Sprache, die er hat, die des Körpers. Wenn wir ihn verstehen, verstehen wir das, was wir aus unserem Bewusstsein weggeschoben haben. Unser Körper reagiert mit einem Zeichen, das können Schmerzen sein, Infektanfälligkeit, Verdauungsprobleme, Herzbeschwerden. Eigentlich kann jedes Organ und jedes System reagieren. Auch darin liegt schon eine Symbolsprache. Nicht von ungefähr sagt der Volksmund: „Mir ist eine Laus über die Leber gelaufen." „Da ist jemandem etwas an die Nieren gegangen." „Jemand ist starrköpfig." „Das Herz ist gebrochen." Und vieles mehr.

Beginne heute einmal deinen Körper als Freund wahrzunehmen, so wie er ist. Was versucht er dir zu sagen?

MEDITATION

Spüre deinen Atem. Sein Kommen und Gehen in seinem ihm eigenen Rhythmus. Indem du ihm Aufmerksamkeit schenkst, vertieft er sich. So kommst du stärker zu dir selbst.

Gestatte deinem Körper, sich zu entspannen.

Lächle deinem Körper zu. Lass ein Lächeln im Rund deines Bauches beginnen. Und lächle dann deinen Verdauungsorganen, Leber, Nieren, Milz, Bauspeicheldrüse, Magen und Darm zu. Alles, was du anlächelst, beginnt seinerseits zu lächeln.

Spüre, wie sich das Lächeln in deinem Oberkörper ausbreitet. Lächle deinen Lungenflügeln zu und deinen Bronchien und deinem Herzen.

Das Lächeln breitet sich weiter aus, die Kehle entlang in deinen Kopf hinein. Deine Schultern und dein Nacken lächeln, deine Zähne und Mundhöhle lächelst du an, deine Nase, Augen, Ohren und schließlich deine Gehirnhälften. Auch in deinen Armen und Händen, deinen Beinen und Füßen ist dein Lächeln. Alles lächelt.

Spüre nun, was dir dein Körper jetzt gerne sagen will. Lausche in ihn hinein, ohne zu grübeln. Erspüre ihn in diesem Lächeln. Wenn du magst, kannst du ihm deinen Dank sagen für all die unermüdliche Arbeit, die er für dich leistet. Und für die besonderen Zeichen, wenn die von dir aufgebaute Spannung zu groß wird. Vielleicht antwortet dir dein Körper zu einem Symptom, das dir gerade bewusst ist. Vielleicht freut er sich, dir sagen zu können, warum das so ist und was ihm guttun würde. Vielleicht spürst du sofort Erleichterung, ja sogar Linderung. Wenn es dir möglich ist, versprich deinem Körper, dich daran zu halten, worum er dich gebeten hat. Tue das aber nur, wenn du es wirklich einhalten willst.

Bedanke dich bei deinem Körper für das Gespräch.

Komm zurück.

Strecke dich genüsslich und gähne. Gähnen ist ein Dankeschön des Körpers.

Sich von belastenden Gedanken lösen

Liebe Freundin,

nachdem du gestern deinen Körper als Freund angelächelt hast, schau heute noch genauer auf Zusammenhänge zwischen deinem Körper und deinem Geist.

Dein Körper reagiert auf deine Gedanken und stärker noch auf deine tiefsten Überzeugungen. Tiefste Überzeugungen sind Glaubenssätze, die wir als Wahrheiten betrachten und uns gar nicht oder nur sehr schwer vorstellen können, dass es auch anders sein könnte.

MEDITATION

Werde ganz still. Atme sanft und tief ein und aus.

Stelle dir vor, dass ein Engel zu dir kommt. Er hilft dir jetzt, indem er alle belastenden und begrenzenden Gedanken von dir abtrennt mit einem Lichtschwert. Sie sind wie schwarze Fäden und Schnüre, die er durchschneidet. Auch Gedanken von außen, die dich Kraft kosten, die schwer und unheilvoll sind, werden gekappt. Nur liebevolle und unterstützende Gedanken bleiben in deinem System.

Lass dir Zeit dafür.

Spüre nun die körperliche Erleichterung durch diese Befreiung.

Bedanke dich und komme zurück.

Spüre, wie frei du dich fühlst.

Die Kraft der Achtsamkeit stärken

Liebe Freundin,

ich erzähle dir heute von zwei Frauen und der schützenden Energie der Achtsamkeit.

Die beiden Freundinnen sprachen sehr leise und intensiv miteinander. Sie waren ganz auf sich bezogen, unbeeindruckt vom lebendigen Treiben um sie herum. Durch diese aufmerksame, liebevolle und ernsthafte Bezogenheit bildeten sie gleichsam einen Schutzkreis um sich. Selbst die etwas übereifrige Bedienung ließ sie in Ruhe und fragte sie nicht, ob noch alles in Ordnung sei oder sie noch einen Wunsch hätten. Fast war es so, als könne man den Schutzkreis um sie herum sehen. Menschen, die nach freien Stühlen suchten, ließen den Stuhl an ihrem Tisch unangetastet stehen und unterbrachen die beiden Freundinnen nicht.

Vielleicht sprachen sie über die Liebe, eine Beziehung, die schwierig war oder ihre eigene zueinander? Oder sie sprachen über den Tod? Jedenfalls sprachen sie über etwas, das sie tief bewegte, ohne dabei sentimental zu sein. Sie sprachen sehr wahrhaftig, was an ihrem ernsten Gesichtsausdruck und dem Funkeln in ihren Augen zu sehen war.
Es kam eine große Touristengruppe mit viel Unruhe und Krach in das Café. Nachdem sich alle endlich hingesetzt hatten, waren die beiden Freundinnen verschwunden.

Achtsamkeit baut einen starken Schutz um uns herum auf. Sie erzeugt eine starke Energie. Stärke wird von allen Lebewesen wahrgenommen. Sie gehen intuitiv respektvoll damit um.

MEDITATION

Wenn dein Atem tief geworden ist, erlaube deinem Körper, sich zu entspannen.

Begrüße den Tag. Begrüße ihn mit all seiner Schönheit und mit all seinen Herausforderungen, an denen du wachsen kannst.

Sage dir nun: „Ich bin achtsam." Wiederhole diese Aussage mit Bedeutung. Versuche zu erspüren, was das bedeutet, wenn du achtsam bist. Sei achtsam bei dieser Erforschung deiner Empfindungen und Wahrnehmungen.

Wenn andere Gedanken kommen, sage einfach wieder: „Ich bin achtsam." Und nimm wahr, was geschieht. Spüre den Frieden in dir, der wächst.

Visualisiere die Energie, die du durch deine Achtsamkeit ausstrahlst. Spüre das Feld der Energie in dir und um dich.

Verweile und nimm den sich vertiefenden Fokus in dir selbst wahr.

Komm allmählich zurück, doch bleibe in Achtsamkeit.

Vertrauen in das Leben stärken

Liebe Freundin,

das Leben trifft dich mit starken, schmerzhaften Schlägen. So kurz hintereinander, das ist sehr, sehr hart. Und doch weichst du nicht von deinem alten Muster ab. Dein Vertrauen ist klein. Jetzt schrumpft es noch mehr. Du wirkst wie ein kleines Mädchen, das mütterlichen Schutz sucht und selber nicht daran glaubt, ihn zu bekommen. Den Menschen, die dich lieben, weichst du aus. Du verschließt dich.

Selbst jetzt, wenn es um dein Leben geht.

MEDITATION

Wenn du innerlich mit Hilfe deines Atems zur Ruhe gekommen bist, stell dir vor, dass du in ein weiches, helles Segenslicht gehüllt bist. Die *Göttliche Mutter* steht vor dir und lächelt dich in bedingungsloser Liebe an.

Sie kommt dir ganz nahe und streicht aus all deinen Schichten des Seins dunkle und trübe Schlieren heraus. So kannst du immer noch heller und leuchtender werden. Alles, was schmerzt, wird besonders intensiv durch sie mit Licht voller Frieden aufgeladen.

Du kannst in diesem Licht ruhen. In diesem sanften Licht kann dein Vertrauen wachsen.

Die *Göttliche Mutter* entfernt sich leise. Sie bleibt mit dir in Kontakt. Du kannst sie immer rufen.

Ärger, Wut und Hass durch Vergebung erlösen

Liebe Freundin,

Ärger kann eine Kraft sein, die Grenzen setzt, wo sie bisher fehlten. Ärger darf sein, er tut dir jedoch nicht gut. Anderen macht er das Leben auch schwer. Steigert er sich zu Wut oder gar Hass, ist das eine Stufe, die nicht nur dich, sondern das menschliche Kollektiv stark vergiftet.

Dann schließen wir Menschen uns individuell unbewusst an eine kollektive Ebene an, die uns völlig vom Pfad abbringt.

Wichtig ist zu erkennen, dass wir uns in diesem Geschehen von Wut und Hass zum Opfer machen. Wir fühlen uns falsch behandelt. Aus diesem Opferbewusstsein heraus leiten wir die Rechtfertigung ab, Täter zu werden, indem wir einem anderen Menschen all unsere hässlichen Gedanken und Gefühle schicken, ihn vor anderen wahrscheinlich sogar schlecht machen durch üble Nachrede.

Tatsächlich gibt es aber keine Kausalität, die uns zum Opfer oder Täter werden lässt. Denn wir treiben in einem entsprechenden Bewusstseinsfeld. Nicht der Andere macht uns zum Opfer, sondern wir gehen in das Bewusstseinsfeld und spielen diese Rolle. Wir können also durch Anhebung des Bewusstseins aus diesem Drama aussteigen.

David Hawkins erklärt anhand der Analogie von Blumen, dass die Sonne nicht „verursacht", dass aus dem Samen eine Blume entsteht, dass das Wasser nicht „verursacht", dass die Blüte aufspringt. Unter günstigen Umweltbedingungen verwirklicht der Samen seine ihm innewohnende Essenz und entwickelt sich zur Blüte und Frucht dessen, was er ist.

Ein Mensch saß mir gegenüber und befand sich in einer Wiederholungsschleife aus Wut und Groll. Diese Kräfte waren so stark geworden, dass sie ihn davon abhielten, klar und ruhig zu werden. Er sah gequält aus. Er fühlte sich, sagte er, mental schwach und habe sein Interesse an schönen Dingen verloren. Er komme auch nachts nicht zur Ruhe.

Wie stark solch eine Welle sein kann, ist erstaunlich. Sie greift nach einem Zipfel Unterbewusstsein, wo schön viel unverarbeiteter Ärger und aufgestaute Wut hängen und rollt über dich herein und zieht dich hinab. Ein verleugnender Entschluss, das nicht mehr fühlen zu wollen und jetzt etwas anderes zu fühlen, hilft nicht. Ablenkung hilft auch nicht. Spätestens nachts, wenn das Unbewusste größer und wach wird, bricht die Ablenkung zusammen.

Meistens können wir aber sogar den Ärger gleich als unnötig entlarven, wenn wir wissen, wie.

Deshalb hier eine Meditation und eine Übung, die dabei helfen können.

MEDITATION UND ÜBUNG

Mit Verneigung an die hawaiianische Vergebungsübung
Ho-o-pono-pono.

Atme tief ein und loslassend aus.

Visualisiere Licht aus der ewigen Quelle, das hell und angenehm ist. Sei in diesem Licht. Sei still. Verweile.

Nun sage laut oder still aus deinem ganzen Herzen: „Es tut mir leid," wobei du an die gesamte Misere denken darfst.

Dann: „Ich liebe dich," wobei du an den Menschen denken darfst, der involviert ist. Wenn das noch nicht geht, denke an das Licht.

Dann: „Bitte vergib mir," wobei du alles loslässt und die gesamte Misere übergibst an das Licht.

Zuletzt: „Ich danke dir," wobei du davon ausgehst, dass dir vergeben wurde und jetzt alles verändert ist, von Licht durchdrungen.

Diese sehr leicht wirkende Vergebungsübung ist äußerst wirkungsvoll und kann ständig und überall, sobald wir merken, dass irgendetwas nicht stimmt, innerlich praktiziert werden. Dein erfahrenes Leid, auch das Unrecht, die Qual, die andere erleben, oder das, was in unserer Gesellschaft nicht stimmt, auch eigene Unstimmigkeit kann so übergeben werden. Du gehst dabei davon aus, dass das, was du erlebst, immer in einem Zusammenhang mit dir steht. Dazu braucht es deine Aufmerksamkeit, deine Bereitschaft, Verantwortung zu übernehmen und deine Freude an Veränderung.

Du wirst staunen.

Beziehung segnen – Hilfe aus der Einsamkeit

Liebe Freundin,

Einsamkeit ist ein weit verbreitetes Leid in unserer Zeit. Manchmal sehe ich junge Mütter mit ihren kleinen Kindern, die keinen Kontakt zum Kind haben, sondern zu ihrem Smartphone. Wie ein Symbol für den Beziehungsmangel in unserer Zeit sehe ich das. Narzisstische Selbstdarstellungen in unserem Alltag, auch dem medialen Alltag, zeigen das Gleiche.

Du erzähltest von den älteren Generationen. Bestimmt haben unverarbeitete Kriegstraumata dazu beigetragen, dass Mütter und Väter keine liebevolle Beziehung zu ihrem Kind aufbauen und pflegen konnten. Diese Beziehungslosigkeit trägt sich fort in den Kindergenerationen, sie spitzt sich sogar zu, bis sie erlöst wird.

Es gibt natürlich im menschlichen Leben immer ganz individuelle Bedingungen, unter denen jemand unter seiner Einsamkeit zu leiden hat. Und es erfordert oft einen längeren Weg zu sich selbst und den anderen. Oft braucht man auch Begleitung dafür.

Gleichwohl gebe ich dir nun eine meditative Übung, mit der du deine Beziehungen zu anderen und zu dir selbst pflegen kannst.

MEDITATION

Gehe in die Stille.

Sieh dich im Licht stehen.

Stelle dir einen anderen Menschen vor, zu dem du eine gute Beziehung leben willst. Stelle diese Beziehung ins Licht. Sieh, wie das Licht zwischen euch strömt und ihr gesegnet seid in dieser Beziehung.

Nun stell dir andere Menschen aus deinem Leben vor, stelle auch sie in dieses Licht und sieh, wie dieses Licht zwischen euch strömt und ihr gesegnet seid in euren Beziehungen. Nimm auch wahr, mit wem es sehr leicht fällt, das Beziehungslicht zu sehen.

Sollte ein anderer Mensch dieses Licht in eurer Beziehung nicht annehmen wollen, bitte um Segen für diesen Menschen und wende dich gleichmütig wieder ganz dir zu. Sieh dich selbst wieder und immer noch im Licht.

Verweile im Licht.

Komm langsam zurück.

TEIL III

Gebete

Es könnte sein, dass jemand aus irgendeinem Grund die kleinen wirkungsvollen Meditationen nicht machen kann. Dann ist es gut, beten zu können. Gebete sind kraftvolle Hinwendungen zur stärksten Quelle der Kraft. Man kann sie auch mit jeder Meditation kombinieren. Aus dem Herzen gesprochene Gebete erhöhen die eigene Frequenz.

Im Laufe der Jahre habe ich wunderbare Gebete gesammelt, die ich hier weitergeben will. Natürlich kann man auch immer aus dem eigenen Herzen heraus ein Gebet sprechen, denn es kommt nicht so sehr auf die Worte als auf die Herzenskraft an, mit der sie gesprochen werden.

Was sind Gebete denn eigentlich? Es sind Öffnungen und die Bereitschaft, die Kontrolle aufzugeben, die unser Ego sonst so gerne ausübt. Es ist die Bereitschaft einzugestehen, dass da etwas Größeres ist als wir uns vorstellen können. Es ist das Vertrauen, dass uns aus dieser Kraft Hilfe zuteilwird und sie alles zum Besten führt. Beim Beten wird alle Besserwisserei abgelegt und eingesehen, dass die eigenen Möglichkeiten begrenzt sind und eine größere Weisheit als die Eigene die Führung übernommen hat zum Wohle aller.

Es ist eine Zufluchtnahme, wenn wir nicht mehr weiterwissen. Es ist ein Gespräch zu dem, was wir lieben. Es ist Stärkung, Klärung und wie ein Hafen, in dem wir immer vor Anker gehen können, einerlei, wie hart die Stürme des Lebens gerade toben.

Dr. Larry Dossey hat das genauer untersucht.[30] In seiner Klinik hat er für Patienten, die nichts davon wussten, beten lassen und für die Kontrollgruppe nicht. Patienten, für die gebetet wurde, konnten meistens schneller weniger Medika-

30 Larry Dossey, Heilende Worte, Die Kraft der Gebete als Schlüssel zur Heilung

mente nehmen und wurden oft früher entlassen als die Anderen.

Es stellte sich heraus, dass Worte und Gedanken für unsere Gesundheit von Bedeutung sind. Wütende Worte können verletzen, liebevolle Worte können heilsam sein. Er beschreibt als Mediziner auf spannende Art die Kraft der Worte und besonders die des Gebetes.

Gewiss ist es förderlich, eine Haltung einzunehmen, in der wir davon ausgehen, dass unser Gebet schon verwirklicht ist. Es ist schon Wahrheit. Das besagt ja auch unser Amen, das seiner hebräischen Wortwurzel nach fest, zuverlässig sein, bedeutet.

Viele der von mir gesammelten und hier wiedergegebenen Gebete sollen Inspiration sein, mögen das Herz öffnen, wollen nachgesprochen werden, verschenkt werden und sie möchten ermutigen, einfach zu beten.

Frequenzerhöhung

Vater unser im Himmel, geheiligt werde dein Name.
Dein Reich komme,
dein Wille geschehe, wie im Himmel so auf Erden.
Unser tägliches Brot gib uns heute,
und vergib uns unsere Schuld
so, wie wir vergeben unseren Schuldnern.
Und führe uns in der Versuchung
und erlöse uns von dem Bösen,
denn dein ist das Reich und die Macht und die Herrlichkeit,
in Ewigkeit.

Absolute Unendliche Seinsheit,
Gott, immerwährendes Leben, Liebe und Gnade,
der du dich in dir selbst offenbarst als Allweisheit und Allmacht:
Erleuchte unseren Geist, damit wir dich als die Wahrheit erkennen.
Reinige unsere Herzen, damit wir deine Liebe widerspiegeln
zu dir und zu allen Mitmenschen.

Amen[31]

Zusatz zum Vaterunser von Daskalos, zypriotischer Heiler

31 Das Gebet von Daskalos mit der freundlichen Erlaubnis von Researchers Of Truth US, Panayiota Theotoki-Atteshli

Lichtgebet

Wir verschließen uns vor der äußeren Welt
und öffnen unsere Herzen der inneren Welt.
In ihrem Frieden
suchen wir in unserer Seele
die Allgegenwart unseres Schöpfers,
den Ursprung allen Lebens,
die Vater-Mutter-Gottheit.
Wir schauen das strahlende Christuslicht,
das tief in unserem Innersten leuchtet,
und fühlen uns bereit,
dieses himmlische Licht in uns wirken zu lassen...

In der Stille des Gebets
erfährt unsere Seele
die Wirklichkeit und den Glanz der geistigen Welt,
die unser Leben durchdringt.
Wir spüren die Gemeinschaft mit den geliebten Seelen,
die dort weilen.

Während wir uns mit der geistigen Welt verbinden,
wächst die Kraft des Christuslichtes in unseren Herzen
und strahlt durch uns
Gottes Segen ausbreiten in alle Welt.

Mögest du uns segnen
mit Deinem Frieden, Deiner Klarheit.

Möge das Licht Deiner Güte, Deiner Gnade
unserem Weg leuchten –
von nun an und für all unsere Zeit.[32]

White Eagle

32 Die White Eagle Gebete sind ©Copyright, The White Eagle Publishing Trust und mit freundlicher Erlaubnis abgedruckt. Kontakt: The White Eagle Publishing Trust, New Lands, Brewells Lane, Liss, Hampshire, England GU33 7HY

Diener der Menschheit

O großer Geist, Vater-Mutter-Gottheit...
Ruhm, Ehre und Herrlichkeit sei Dein.
Wir sagen Dir Dank,
jetzt und für immer und für alle Zeit.
Du allein bist die Wirklichkeit,
Du allein bist das Licht,
Du allein bist Friede,
Du allein bist die All-Liebe.

Liebe ...göttliche Liebe erquicke unsere Herzen,
damit wir gute Diener der Menschheit werden,
voll Liebe und heiterer Gelassenheit,
- sicher und zuversichtlich auf unserem Weg.

Mögen wir so den Weg finden
in den großen Frieden,
in den ewigen Frieden,
die ewige Liebe,
die einzige Wirklichkeit,
das einzig wahre Leben.

White Eagle

Möge das Licht leuchten

Göttlicher Geist,
wir sind Dir dankbar für alles,
was schön und liebenswert in unserem Leben ist
und für alles, was unserem Fortschritt dient.
Wir wollen Deine Liebe nie vergessen,
noch außer Acht lassen,
wie sehr unser Bruder deiner Liebe bedarf.
Wir beten, dass wir mehr und mehr
ein Kanal des Lichtes für Dich werden,
durch den Dein göttliches Licht
bis in die dunkelsten Winkel
des Lebens scheinen kann.

White Eagle

Mit Gott sein

Ich bin nicht außer Gott
und Gott nicht außer mir.
Ich bin sein Glanz und Licht,
und er ist meine Zier.

Angelus Silesius

Durchströme mit deiner Kraft

Christus,
Sonne,
Ewige Glut meines Herzens,
Durchströme mit deiner Kraft
Den Leib meiner Verzweiflung.
Christus,
Verbrenne die Angst,
Diese Schattengestalt,
Die meine Gedanken von Deinen trennt.
Christus,
Sonne
Ewige Glut meines Herzens,
Du Meer aus Licht,
Lass meine Schwere versinken
Im Strom Deiner göttlichen Liebe,
Damit mein Gedächtnis der Zeit
Das Grauen vergisst und sich eint
Mit deiner Ewigkeit.
Amen

Silvia Wallimann[33]

33 Mit freundlicher Genehmigung des Tamaron Verlages aus Silvia Wallimann, Mit Engeln beten

Frieden

Mache mich zu einem Werkzeug
Deines Friedens.
Dass ich Liebe übe,
da wo man mich hasst;
dass ich verzeihe,
da wo man mich beleidigt;
dass ich verbinde,
da wo Streit ist;
dass ich die Wahrheit sage,
da wo Irrtum herrscht;
dass ich den Glauben bringe,
wo Zweifel ist;
dass ich Hoffnung wecke,
wo Verzweiflung quält;
dass ich Dein Licht anzünde,
wo die Finsternis regiert;
dass ich Freude bringe,
wo der Kummer wohnt.
Lass mich trachten:
nicht, dass ich getröstet werde,
sondern, dass ich tröste;
nicht, dass ich verstanden werde,
sondern, dass ich verstehe;
nicht, dass ich geliebt werde,
sondern, dass ich liebe.

Denn wer sich hingibt,
der empfängt;
wer sich selbst vergisst,
der findet;
wer verzeiht,
dem wird verziehen;
und wer stirbt,
der erwacht zum ewigen Leben.
Amen.[34]

Franz von Assisi

34 Dieses wunderschöne Gebet habe ich als Kind von meiner Großmutter auf einer Karte geschenkt bekommen, die ich bis heute habe.

Lobpreis

Der Sonnengesang

Höchster, allmächtiger, guter Herr,
dein sind der Lobpreis, die Herrlichkeit und Ehre
und jeglicher Segen.
Dir allein, Höchster, gebühren sie,
und kein Mensch ist würdig, dich zu nennen.

Gelobt seist du, mein Herr,
mit allen deinen Geschöpfen,
zumal dem Herrn Bruder Sonne;
er ist der Tag, und du spendest uns das Licht durch ihn.
Und schön ist er und strahlend in großem Glanz,
dein Sinnbild, o Höchster.
Gelobt seist du, mein Herr,
durch Schwester Mond und die Sterne;
am Himmel hast du sie gebildet,
hell leuchtend und kostbar und schön.

Gelobt seist du, mein Herr,
durch Bruder Wind und durch Luft und Wolken
und heiteren Himmel und jegliches Wetter,
durch das du deinen Geschöpfen den Unterhalt gibst.

Gelobt seist du, mein Herr,
durch Schwester Wasser,
gar nützlich und kostbar und keusch.

Gelobt seist du, mein Herr,
durch Bruder Feuer,
durch das du die Nacht erleuchtest;
und schön ist es und liebenswürdig und kraftvoll und stark.

Gelobt seist du, mein Herr,
durch unsere Schwester, Mutter Erde,
die uns ernährt und lenkt
und vielfältige Früchte hervorbringt
und bunte Blumen und Kräuter.

Gelobt seist du, mein Herr,
durch jene, die verzeihen um deiner Liebe willen
und Krankheit ertragen und Drangsal.
Selig jene, die solches ertragen in Frieden,
denn von dir, Höchster, werden sie gekrönt werden.

Gelobt seist du, mein Herr,
durch unsere Schwester, den leiblichen Tod;
ihm kann kein Mensch lebend entrinnen.
Wehe jenen, die in schwerer Sünde sterben.
Selig jene, die sich in deinem heiligsten Willen finden,
denn der zweite Tod wird ihnen kein Leid antun.

Lobt und preist meinen Herrn
und sagt ihm Dank und dient ihm mit großer Demut.

Franz von Assisi

Totensegen

Heile seinen/ihren Geist, Herr, von all den Wunden,
die sein/ihr Herz durch dieses Leben der Begrenztheit auf Erden
erlitten hat.
Reinige sein/ihr Herz mit Deinem göttlichen Licht
und sende auf seinen/ihren Geist Deine Gnade, Deine Barmherzigkeit
und Deine Liebe.
Amen

Hazrat Inayat Khan

Gebet für Verstorbene

Oh Du, die Ursache und Wirkung des ganzen Universums,
die Quelle, aus der wir gekommen sind,
und das Ziel, nach dem wir alle streben:
nimm diese Seele, die zu Dir kommt, in Deine Elternarme.
Dein verzeihender Blick heile ihr Herz.
Erhebe sie aus der Erdenschwere,
umgib sie mit dem Lichte Deines Geistes.
Hebe sie empor zum Himmel, der ihre wahre Wohnstatt ist.
Wir bitten Dich:
gewähre ihr die Gnade Deiner erhabenen Gegenwart.
Möge der erwachenden Seele ihr Leben wie ein Traum erscheinen
und lass ihre dürstenden Augen den Sonnenglanz Deines herrlichen
Anblicks schauen.
Amen

Hazrat Inayat Khan

Lobpreis

Lob sei Dir, allerhöchster Gott,
allmächtig, allgegenwärtig,
alldurchdringend, Du einziges Sein.
Nimm uns in Deine Elternarme;
hebe uns über die Erdenschwere.
Deine Schönheit beten wir an
und Dir ergeben wir uns willig.
Gnadenreichster und barmherziger Gott,
Ideal der ganzen Menschheit,
Dich allein beten wir an, und Dir allein gilt unser Sehnen.
Öffne unsere Herzen Deiner Schönheit,
erleuchte unsere Seele mit göttlichem Licht.
O Du, die Vollkommenheit der Liebe, Harmonie und Schönheit.
Allmächtiger Schöpfer und Erhalter, Richter und
Verzeiher unserer Unvollkommenheiten,
Herr, Gott des Ostens und des Westens, der Welten
über uns und unter uns, der sichtbaren und der
unsichtbaren Wesen,
gieße Deine Liebe und Dein Licht über uns aus,
gib Nahrung unseren Körpern, Herzen und Seelen.
Gebrauche uns für das Ziel, das Deine Weisheit erwählt,
und führe uns auf dem Pfad Deiner eigenen Güte.
Zieh uns näher zu Dir in jedem Augenblick unseres Lebens,

bis in uns sich widerspiegelt
Deine Gnade, Deine Herrlichkeit, Deine Weisheit, Deine Freude
und Dein Friede.
Amen.

Hazrat Inayat Khan

Gebet zum Neuen Jahr

O Du, der in unseren Herzen wohnt,
gnadenreichster und barmherziger Gott,
Herr des Himmels und der Erde,

wir verzeihen anderen, die uns Unrecht getan haben,
und bitten Dich um Vergebung
für unsere eigenen Unzulänglichkeiten.

Wir beginnen das neue Jahr
mit reinem Herzen und Gewissen,
voll Mut und Hoffnung.

Hilf uns den Sinn unseres Lebens zu erfüllen
unter Deiner göttlichen Führung.
Amen

Hazrat Inayat Khan

Gebet für den Frieden in der Welt

O Du, allmächtige Sonne,
deren Licht alle Wolken vertreibt,

Wir nehmen unsere Zuflucht zu Dir,
König aller Menschen,
Gott aller Gottheiten,
Herr aller Engel.

Wir bitten Dich,
vertreibe die Nebel aller Illusion
aus den Herzen der Nationen
und erhebe ihr Leben
durch Deine alles vermögende Kraft.

Gieße über sie aus
Deine grenzenlose Liebe,
Dein immer scheinendes Licht,
Dein ewiges Leben,
Deine himmlische Freude
und Deinen vollkommenen Frieden.

Amen[35]

Hazrat Inayat Khan

35 Alle Gebete von Hazrat Inayat Khan sind mit freundlicher Erlaubnis des Verlags Heilbronn abgedruckt aus Hazrat Inayat Khan, Gebet – Atem der Seele.

Einheit mit der Schöpfung

Schöpfer
Die ganze Schöpfung ist Deine Offenbarung
Das sind all die Schriften
Die Bäume sind die Stifte
Die Ozeane sind Deine Tinte
Jedes Geschöpf ist Dein Wort
Jede Landschaft ein Vers
Die Kontinente sind ganze Gedichte
Und jedes Sonnensystem ist ein Kapitel in Deinem Buch
Deinem heiligen Buch
Schöpfer
Die Propheten sind Stimmen in der Wildnis
Stimmen der Wildnis
Stimmen für die Wildnis
Mögen wir ihren Fußspuren folgen
Mögen auch wir wild werden

Mögen wir Dich auch in der Erde, dem Wasser,
dem Feuer und der Luft erkennen
Schöpfer
Du hast uns zum Verwalter und Wächter dieser Erde ernannt
Und wir haben uns selbst zu ihren Eroberern und Herren gemacht
Aber ein Sieg über die Natur wird nicht lange ein Sieg bleiben
Er wird sich als eine Niederlage erweisen
Schöpfer
Wir haben Wissen und Macht erlangt

Lehre uns nun Weisheit und Demut
Sodass das Leben und die Einheit der Erde
in uns erwachen können.
Amen

(Pir Zia Inayat Khan, Ostern 2011,
Ansprache zum Universellen Gottesdienst in Gersfeld)[36]

36 Mit freundlicher Erlaubnis von Pir Zia Inayat Khan

Eins sein

Vater-Mutter-Gott,
Großes Geheimnis,
was könnte ich dir geben,
was nicht schon deines ist?
Und doch gebe ich dir alles,
damit es Eines ist.

Was könnte ich dir senden,
was nicht von dir ausgeht?
Und doch sende ich dir alles,
damit in deinem Immer
mein Jetzt drin wohnen kann.
Amen

Sybille Karima Althaus-Storbeck

Schmerzfreiheit

Vater-Mutter-Gott,
Großes Geheimnis,
gewähre mir Gegenwärtigkeit,
um deine heilsame Kraft
bei allem, was ich tue und
überall, wo ich bin,
zu spüren.

All meine Schmerzen,
die aus Widerständen
und Lieblosigkeit
entstanden sind,
löse auf und nimm sie mit
in deinen Fluss.

Amen

Sybille Karima Althaus-Storbeck

Lichtvolle Kraft

Liebe Engel der lichtvollen geistigen Welt,
löst bitte die dunklen Schatten der Vergangenheit
und die daraus vorgenommenen Projektionen in die Zukunft
in mir auf.
Lasst mich die lichtvolle Gegenwart wahrnehmen,
in der ich mich von eurem Licht geführt und umhüllt weiß.

Möget ihr mir helfen,
aus der Göttlichen Quelle zu trinken und
in ihr zu baden,
damit ich die Lichtkraft habe,
diese in meinen Mitmenschen zu erkennen
und es als das Eine in jedem begrüße.
Amen

Sybille Karima Althaus-Storbeck

Schutz und Anbindung

An meiner Rechten steht Michael
An meiner Linken Gabriel
Vor mir Uriel
Hinter mir Raphael
Deren Feuerring mich beschützt
In meinem Herzen Christuslicht
Über meinem Haupt ergießt sich
Der weiße Stern Göttlicher Gnade
Einem Wasserfall gleich
Und beschützt mich
Vor allem Schaden und Bösen
Amen

Quelle unbekannt

Für richtigen und dankbaren Umgang mit unseren Gaben

Vollmondgebet

Lieber Kosmos, mein himmlischer Vater, meine göttliche Mutter
für alle Geschenke, die Du mir heute und in diesen Tagen bringst,
danke ich Dir.
Ich nehme sie von Herzen an als ein Zeichen Deiner Liebe.
Öffne mich weit für all das, was Du schon längst in Deiner
himmlischen Schatzkammer für mich bereit hältst.
Mach mich bereit, mich von allem zu lösen,
was mir nicht mehr dient. Hilf mir loszulassen.
Erlaube mir, mich dem Neuen voller Vorfreude zuzuwenden,
geduldig auf Dein perfektes Timing zu vertrauen
und in allem Deine Zuwendung zu entdecken.
Ich danke Dir für jede meiner Gaben, die ich beglückt nutze.
Und ich danke Dir für jede Chance, sie mit der Welt zu teilen,
sie wachsen zu lassen und mich daran zu erfreuen.
Und möge ich Dir in allem die größte Freude machen!
Dein Dich liebendes göttliches Kind.

Sabine Bends[37]

37 Mit freundlicher Erlaubnis von Sabine Bends, http://www.astrologie-koeln.de/vollmond-gebet-12-januar-2017/

Danksagung

Ich danke der lichtvollen geistigen Welt für die geschenkten Freiräume während des Schreibens und für die stetige Unterstützung. Ich danke für all die lichtvolle Inspiration und das Gehaltenwerden, wenn ich strauchelte.

Ich danke meinem Mann für sein nie nachlassendes Vertrauen in meine Fähigkeit, dieses Buch zu schreiben – selbst und gerade dann, wenn ich es selbst nicht mehr glauben konnte.

Ich danke meinen Freunden, die davon wussten, für ihren respektvollen Umgang damit.

Ich verneige mich dankbar vor den aufmerksamen Leserinnen und Lesern dieses Buches. Möge es hilfreich sein bei ihrer eigenen Erkenntnis auf dem eigenen lichtvollen Weg. Mögen alle das Licht schauen!

Sybille Karima

Botschaften aus dem Reich des Lichts und der Liebe

Petra Schneider, Gerhard K. Pieroth

Engel begleiten uns

Erzengel und Erdengel sind an unserer Seite

Ein einführendes und umfassendes Handbuch über die geistigen Helfer im spirituellen und stofflichen Bereich. Engel sind Boten des Göttlichen. Diese Botschaft ist mehr als eine Information oder ein Brief, sie ist eine Berührung unseres eigenen inneren Lichtes. Sie erinnert an den göttlichen Funken in uns und daran, wie unser Leben sein könnte.

Mit ihrer Hilfe wachsen wir zu unserer wirklichen Größe, entfalten unsere Fähigkeiten – und finden den Weg zu einem Leben, das wir wirklich lieben.

205 Seiten • ISBN 978-3-89385-330-4

Ulrike Hinrichs

Die großen Erzengel-Karten

Lichtvolle Helfer aus der geistigen Welt – Botschaften, Meditationen, Affirmationen und Legetechniken

Dieses Set besteht aus 18 liebevoll gestalteten Erzengel-Karten und einem begleitenden Handbuch. Karten und Text ergänzen sich zu einem 18-stufigen Einweihungsweg in die Welt des Lichts. Dieser Weg führt Sie von einer Aufgabe zur nächsten, bis Sie schließlich in der Lage sind, mit dem Herzen zu sehen.

Die 18 Erzengel sind ausführlich beschrieben. Die Informationen reichen von Stichworten, die das Wesen und die Aufgabe des Engels zusammenfassen, bis zu detaillierten Beschreibungen der Energie des Erzengels und seiner speziellen Botschaften an die Menschen.

112 Seiten + 18 Karten • ISBN 978-3-89385-332-8

Leseproben und Musterkärtchen unter www.windpferd.de

Engelmusik – Genuss und Heilkraft zugleich

Merlin's Magic

Engel – Symphonie von Liebe und Licht

Zauberhafte Klänge berühren das innere Licht in uns. Musik für die Heilbehandlung, zum Meditieren und Entspannen. Das ist die Musik für all jene, die spüren, dass durch die Liebe der Engel das Leben leichter und glücklicher wird.

Öffnen wir uns einfach für die Schwingung der Engel – sie wird durch unseren Körper fließen und uns heilen und stärken.

„Diese Musik ist wie der goldene Sonnenstrahl, der durch die Wolken bricht und uns verzaubert, wie die Berührung eines Engels."

– Petra Schneider, Autorin von „Engel begleiten uns" –

Audio-CD 60 Min. • ISBN 978-3-89385-977-1

Merlin's Magic

Engel – Die himmlischen Helfer

Diese von sanften Tönen getragene, sphärische Musik öffnet die inneren Tore zu den „Himmlischen Helfern". Je stärker wir uns den Schwingungen der Engel öffnen, desto mehr werden sie uns helfen, unsere eigene göttliche Wahrheit zu erfahren.

Musikalisch ist diese CD einfach himmlisch. Von sanften Tönen getragen, lässt sie uns in lichtvolle Sphären entschweben und erfüllt uns zugleich mit dem sicheren Gefühl, ganz im Schutz der Engel zu stehen.

Audio-CD 64 Min. • ISBN 978-3-89385-881-4

Hörproben unter www.windpferd.de

Hawkins, David R., Hingabe an Gott, Wasserburg, 2009

Hodson, Geoffrey, Die Engel und die Entwicklung des Lebens, Grafing 2004

Jung, Carl Gustav, Gesammelte Werke, Band 8, Olten (CH) 1971

Jung, Carl Gustav, Erinnerungen, Träume, Gedanken, Olten (CH) 1985

Khan, Hazrat Inayat, Gebet Atem der Seele, Weinstadt, 2017

Kinadeter, Harald, Heilung Dimensionen einer neuen Medizin,

Freiburg 1998

Kübler-Ross, Elisabeth, Interviews mit Sterbenden, Freiburg 1971

Lehmann, Leonhard Hg., Das Erbe eines Armen: Franziskus-Schriften, Kevelaer 2003

Lommel, Pim van, Endloses Bewusstsein: Neue medizinische Fakten zur Nahtoderfahrung, München 2013

Moody, Raymond A., Leben nach dem Tod: Die Erforschung einer unerklärlichen Erfahrung, Hamburg 1977

Moorjani, Anita, Heilung im Licht, München 2012

Mora, Eva-Maria, Quantum Engel Heilung, München 2006

Eva Mozes Kor und Lisa Rojany Buccieri, Ich habe den Todesengel überlebt, München 2012

Ritchie, George, Rückkehr von Morgen, Marburg 1989

Rilke, Rainer Maria, Briefe an einen jungen Dichter, Leipzig 1929

Rilke, Rainer Maria, Die Gedichte, Frankfurt am Main, 1986

Schäfer, Joachim, Ökumenisches Heiligenlexikon, https://www.heiligenlexikon.de/Literatur/Bernhard_von_Clairvau_Betrachtungen.htm

Schmieke, Marcus, Der zweite Weg, Klosterneuburg 2014

Vonzun, Leta, Jans, Franz-Xaver, Tore zum Licht, München 1996

Wallimann, Silvia, Mit Engeln beten, Freiburg 1991

Warnke, Ulrich, Quantenphilosophie und Spiritualität, München 2011

White Eagle, Gebete im neuen Zeitalter, Grafing 1989

Hören, Andreas von, Projektleitung, Mediengruppe Wuppertal, Film DVD, Eine Dokumentation über Nahtoderfahrungen: Hinterher ist alles anders

Literatur

Angelus Silesius, Cherubinischer Wandersmann, Stuttgart 1985

Alexander, Eben, Blick in die Ewigkeit, Die faszinierende Nahtoderfahrung eines Neurochirurgen, München 2012

Avila, Teresa von, Verweilen bei einem Freund: Gebete, München 1998

Bauer, Joachim, Warum ich fühle, was du fühlst, Hamburg 2006

Bauer, Joachim, Prinzip Menschlichkeit, Hamburg 2006

Bösch, Jakob, Spirituelles Heilen und Schulmedizin, Baden und München 2007

Darga, Martina, Fasten des Herzens, München 2010

Daskalos, Dr. Stylianos Atteshlis, Die esoterische Praxis, Duisburg 1996

Domin, Hilde, Hier, Gedichte, Frankfurt am Main 2006

Dossey, Larry, Heilende Worte, Amerang 2010

Douglas-Klotz, Neil, Das Vater Unser, München 2007

Duprée, Ulrich Emil, Ho'oponopono, Darmstadt 2011

Dürr, Hans-Peter, Es gibt keine Materie!, Amerang 2013

Frankl, Viktor E., Trotzdem Ja zum Leben sagen, München 1977

Fromm, Erich, Psychoanalyse und Religion, Zürich 1979

Fromm, Erich, Gesamtausgabe, Rainer Funk Hg, München 1999

Gruen, Arno, Der Verlust des Mitgefühls, München 1997

Gruen, Arno, Dem Leben entfremdet, Stuttgart 2013

Haas, Jana, Engel und die Neue Zeit, Berlin 2009

Haas, Jana, Jenseitige Welten, München 2012

Haas, Jana, Der Seelenplan, München 2014

Haas, Jana, Heilen mit der Göttlichen Kraft, München 2015

Hawkins, David R., Das All-Sehende Auge, Wasserburg 2005

Hawkins, David R., Licht des Alls, Wasserburg 2006

Hawkins, David R., Erleuchtung ist möglich, Wasserburg 2007